리더는
멈추지 않는다

내 인생을 바꾼 12가지 역경

리더는 멈추지 않는다

바비 에레라 지음 | 김동규 옮김

LIFE
CHANGING
LESSONS ABOUT
LEADING

다니비앤비

목차

프롤로그

버스 이야기

    열일곱 살 때, 저는 동생 에드Ed와 고등학교 농구팀 선수로 함께 뛰었습니다. 어느 날 밤이었지요. 원정 경기를 치르고 돌아오던 농구팀 버스 안에서 우리 형제는 방금 이긴 경기의 플레이를 되새기며 줄곧 신나게 떠들고 있었습니다. 그런 와중에 저녁을 먹기 위해 버스가 어느 식당 앞에 멈추더군요. 팀원들이 차례로 버스에서 내렸습니다. 동생과 저만 빼고 말입니다.

    저희 형제는 원정 경기하러 다니면서 밥을 사 먹을 형편이 못 되었습니다. 대신 어머니가 맛있는 부리토burritos

도시락을 싸주신 덕분에 그나마 다른 아이들과 어울려 원정 경기에 참가할 수 있었답니다. 그래서 저희 형제는 늘 버스에서 식사를 하곤 했지요. 그렇다고 이런 일로 풀이 죽지는 않았습니다.

팀 동료들이 모두 버스에서 내리자 우리는 도시락을 꺼냈습니다. 그때 팀원 중 한 명의 아버지인 티그Teague 씨가 버스로 돌아오셨어요. 처음에는 별 말씀 없으시더니, 잠시 후 동생이 저보다 골을 더 많이 넣었는데 기분 상하지 않았느냐고 농담을 던지시더군요. 그런 다음에 그분이 이런 말씀을 하셨습니다. 지금까지도 그 순간이 또렷히 기억이 날 정도로 잊히지 않네요.

"바비Bobby, 아저씨가 돈을 내줄 테니까 팀원들과 같이 저녁 먹는 게 어때? 너만 괜찮다면 말이다.

아무한테도 말 안 할 테니까 신세진다는 생각은 하지 말거라. 언젠가 너도 너처럼 멋진 녀석에게 똑같이 해주면 된단다."

그날 티그 씨가 저희 형제에게 베풀어주신 작은 친절은 제 마음 깊은 곳에 굳게 자리잡았습니다. 이주 노동자 가정 출신이었던 저는 아주 어릴 적부터 사회에서 우리를 따돌린다는 느낌을 많이 받고 자랐습니다. 우리 가족은 열심히 일해서 먹고살고 있는데도 아무도 우리가 하는 일을 알아주지 않았거든요. 우리 가족은 1년 중에 6개월 동안은 먼 곳에 있는 밭에 가서 일을 해야 먹고살 수 있었습니다. 밭일을 마치고 집에 돌아올 때마다 그 동안 전혀 다른 생활을 한 친구들이 여름에 재미있게 보낸 이야기를 나누는 걸 따라잡는 일이 저에게는 늘 걱정거리였습니다.

고등학교 2학년 때만 하더라도 앞으로 다른 인생을 살 수 있을 거라는 상상조차 할 수 없었지만, 그래도 판에 박힌 이 생활에서 꼭 벗어나야겠다는 다짐만은 굳게 간직하고 있었습니다. 나름 끈덕진 구석도 있고, 스스로 인생을 개척하려는 야망도 품고 있었던 저는 하루라도 빨리 독립해야 이런 생활에서 벗어날 수 있다는 사실을 깨달았습니다. 아버지도 저에게 늘 고등학교를 졸업하면 너 알아서 살아야 한다고 농담조로 말씀하시곤 했죠. 사실 그 말은 아버지의 진심이나 마찬가지였어요. 제가 독립해야 할 날이 머지않았던 것입니다.

저는 그날 밤 버스에서 누군가의 애정이 담긴 시선이 저에게 새로운 의미로 의미심장하게 와닿는 것을 느꼈습니다. 물론 부모님이 저를 사랑하신다는 것은 알고 있었습니다. 선생님과 코치님들도 저에게 격려를 보내주시고 늘 잘 보살펴주셨지요. 그러나 티그 씨의 친절은 남다른 데가 있었습니다. 그분은 우리 고장에서 가장 성공한 사업가로 손꼽히는 분이셨거든요. 저 같은 아이에게까지 관심을 기울일 거라는 생각은 도저히 할 수 없을 정도의 거물이셨죠. 그런데 그런 분이 우리에게 친절을 베풀어주신 것입니다. 덕분에 저는 삶의 목적을 발견한 그 순간을 영원히 잊지 못하게 되었습니다. 티그 씨의 그 짧은 한마디 안에는 저도 언젠가 도움이 필요한 누군가에게 친절을 베풀 수 있는 사람이 될 수 있다는 메시지가 담겨 있었습니다.

　그날 저녁, 저와 제 동생이 팀원들과 함께 식사를 하면서 느꼈던 그 감사의 마음을 결코 잊을 수 없습니다. 그것은 제가 인생을 바라보는 관점과 이루고 싶은 삶의 목적을 송두리째 바꿔놓은 놀라운 경험이었습니다.

Part I

나는
누구인가?

- 자신의 이야기를 하라
- 세상을 바라보는 관점이 중요하다
- 가장 어렵지만 옳은 길을 택하라
- 꿈을 나누어라

STRUGGLE:
(v)
TO <u>STRIVE</u> TO
ACHIEVE
OR ATTAIN
SOMETHING
I<u>N</u> <u>THE</u> <u>FA</u>CE OF
DIFFICULTY OR
RESISTANCE

분투: (동사) 어려움과 저항에도 불구하고 무언가를 성취하거나 얻어내기 위해 싸우는 것

01

리더십을 향한 여정

　여러분 중에도 버스 안에 있던 그 아이의 심정에 공감하는 사람이 있을 거라 생각합니다. 상사든 평범한 직원이든 우리는 누구나 한 번쯤 남의 눈에 투명인간 취급당한 경험을 가지고 있습니다. 그리고 그럴 때마다 엄청난 자괴감에 빠지는 그 기분에 대해서도 잘 알고 있지요. 이런 역경과 시련은 실망이나 좌절 같은 다양한 형태로 우리에게 닥쳐옵니다. 도무지 어떻게 해야 좋을지 모를 정도로 힘든 상황에 직면했을 때 느끼는 감정이 바로 그런 것들입니다.

　변변한 기회조차 주어지지 않았던 그 아이에게 그때

필요한 것은 오직 다른 아이들처럼 버스에서 내려 식사하러 가는 것이었습니다.

저도 다른 아이들이 누리는 모든 것들을 누리고 싶었습니다. 그것이 제가 당시에 마주했던 고난이자 싸워 이겨내야 할 역경이었습니다.

저는 누군가의 배려와 선행이 있었기에 지금 여기에 있을 수 있다는 말을 자주 하곤 합니다. 미래에 대해 다른 상상을 하기 힘들었던 그때, 티그 씨가 그 버스에서 저에게 말을 건네지 않았다면 어떤 일이 벌어졌을까 하고 상상한 적도 있습니다. 그래도 어떻게든 다른 계기를 통해 삶의 목적을 결국 발견했을 거라고 생각합니다. 그러나 그런 생각이 결코 저를 편하게 해주지만은 않습니다. 만약 다른 계기가 있었더라도 제 인생의 목적과 걸어온 길이 지금과 똑같으리라는 보장이 없기 때문입니다.

이 책에는 제가 겪은 고난과 솔직한 자기고백이 담겨있습니다. 하지만 여러분이 앞으로 가야 할 여정에 관한 이야기도 담고 있다고 생각합니다. 여러분과 제가 걷는 길은 다르지만, 우리가 원하는 바는 사실 모두 같습니다. 바로 우리의 인생이 중요하다는 사실을 믿는 것입니다. 우리 모두는 누군가가 자신의 잠재력을 알아주기를 바랍니다. 그리고 그것을 훌륭히 발휘할 기회를 얻길 원하고 있습니다.

리더들은 이들이 잠재력을 발휘할 기회를 만들어주는 것이 바로 자신의 책임이라는 사실을 알아야 합니다. 또한 리더는 조직의 구성원들이 자신이 하고 있는 일에서 보람을 찾고 싶어 한다는 사실을 깨달아야 합니다. 직원들은 자신의 역할이 존중받기를 원하며, 자신이 하는 일이 공공의 이익에 기여한다는 사실을 느끼고 싶어 합니다. 그런 그들의 욕구를 충족시켜주려면 티그 씨가 저를 지켜보았던 시선으로 그들을 바라봐야 합니다. 직원들을 격려하여 자신감을 갖고 열심히 일하며 업무를 개선할 수 있도록 북돋워준다면, 그들은 자신이 중요한 일을 하고 있다는 사실을 곧 깨달을 수 있을 것입니다.

리더가 직원들을 인정하지 않으면 양쪽 모두에서 문제가 생깁니다. 제가 바로 이 일에 실패하는 바람에 엄청난 역경에 처한 적이 있습니다. 가치 중심적인 독창적인 회사를 세우려는 여정에 오직 저 혼자 서 있는 듯한 깊은 좌절을 느낄 때가 있었습니다. 그때는 직원들이 그냥 일상적인 업무만 처리하고 있는 것처럼 보이더군요. 그들의 일에 대한 태도는 저만큼 진지하지 않았고, 그들에게서는 주인의식을 찾아볼 수가 없었습니다. 이기적으로 행동했고, 자리만 지키고 있었으며, 심하게 말하면 출근 도장만 찍는 사람들처럼 보였습니다. 그들을 믿지 못하면서도 믿고 있는 척하느라 힘들었던 저는 제가 이루려는 이상에 공감하는 사람이 아무도 없다는 생각에 좌절감마저 들었습니다. 천만다행인 것은 이런 제 생각이 잘못되었음을 깨달은 것입니다.

　사실 직원들은 일에서 보람을 찾으려는 의지를 마음속 깊이 간직하고 있는 사람들입니다.

저는 2002년에 설립된 파퓰러스그룹Poupulus Group, PG의 공동창업자 중 한 사람입니다. 파퓰러스그룹은 기업의 비정규직 인력관리를 지원하는 서비스 업체입니다. 파퓰러스는 '사람들'을 뜻하는 라틴어이며, 파퓰러스그룹은 '모든 사람은 성공의 기회를 얻을 자격이 있다'는 핵심이념을 갖고 있는 회사입니다. 문제는 제가 성공을 향해 그토록 강렬한 열정을 품고 있는 이유를 우리 회사에서 일하는 구성원들에게 제대로 알리지 못했다는 데 있었습니다.

몇 년 전, 큰 프로젝트를 하나 추진하면서 우리 회사의 문화를 명확히 밝히는 자료를 만든 적이 있습니다. 회사의 존재 이유와 행동양식 그리고 우리의 전문분야를 구체화하려는 시도였습니다. 자료에 포함될 동영상을 촬영하면서, 저는 우리 회사의 핵심 원칙에 대해 이렇게 말했습니다.

"우리는 모든 사람이 성공의 기회를 얻을 자격이 있다고 믿습니다."

촬영 담당자는 벤Ben이라는 과묵한 친구였는데, 카메라에서 눈을 떼더니 이렇게 질문하더군요.

"그런 믿음을 갖게 되신 이유를 여쭤 봐도 될까요?"

사실 그 이유는 지금도 완벽하게 이해하고 있지는 않습니다. 그렇지만 그때는 어떻게든 대답할 말을 떠올려야 했습니다. 카메라가 계속 돌아가는 동안 저는 그에게 '버스 이야기'를 들려주었습니다. 준비도 계획도 없이 이야기를 이어가면서 저는 뭔가 답답했던 마음이 확 풀리는 기분을 느꼈습니다.

이듬해, 회사의 모든 사람들이 동영상 발표 자료에 포함된 저의 버스 이야기를 처음으로 들었습니다. 그 이야기는 굉장한 반향을 불러일으켰고, 사람들은 저마다의 사연과 의견을 주고받기 시작했습니다. 이윽고 사내에는 공감과 이해의 기운이 넘치면서 깊은 동료애가 형성되어, 서로 원활한 교류와 협력을 맺으며 일할 수 있게 되었습니다.

제가 회사를 설립한 목적을 모든 구성원이 이해하게 되

자 그들 역시 자신이 하고 있는 일에서 목적을 찾기 시작했습니다. 형편이 어려운 아이들에게 성공의 기회를 제공하는 일의 중요성을 일깨우려는 회사의 가치와 가능성에 모두가 공감한 것이지요. 조직의 구성원 모두가 같은 목표를 공유하면서, '저들은 왜 내 생각을 몰라주는 거지?'라는, 직원들과의 관계에서 느꼈던 저의 괴리감은 점차 사라져갔습니다. 파퓰러스그룹의 모든 사람들이 제가 일을 할 때 보이는 집중력의 원천을 마침내 이해하기 시작한 것입니다. 개인적인 사연을 솔직하게 나눈 덕분에 저의 인간적인 면모가 드러나서 그렇게 되었다고 생각합니다. 제가 실제로 어떤 사람이고, 무엇에 관심을 기울이며, 어떻게 알려지고 싶은지를 그들 모두가 알게 되었습니다.

그 이후에 저는 왜 진작 제 이야기를 솔직히 나누지 않았느냐는 질문을 많이 받았습니다. 다른 사람들에게 그런 이야기를 할 필요가 없었다고, 아니 아예 궁금한 사람이 없을 거라고 생각해서 주저했다고 말하면 어느 정도 설

명이 될지 모르겠습니다. 사실은 속마음을 활짝 연 무방비 상태로 저의 실체가 남김없이 드러나는 것이 두려웠습니다. 저는 버스 이야기를 털어놓음으로써 제 마음 깊숙이 숨겨두었던 의심이 드러나 버렸다고 생각합니다. 즉 '나는 과연 가치 있는 인물일까?', '그 옛날 버스 안에서 힘들어하던 그 아이보다 더 나은 사람이 될 수 있을까?'라는 의문 말입니다. 저에게 그것은 위태로울 정도로 커다란 도박이었습니다. 큰 맘 먹고 가장 내밀한 이야기를 꺼냈는데 사람들이 공감해주지 않았다면 제 체면은 과연 어떻게 되었을까요.

제 연설 동영상을 본 리더들 중에는 제 곁에 다가와서 자신에게는 제가 경험했던 '버스 이야기' 같은 사연이 없다고 말하는 사람들도 있었습니다. 하지만 저는 누구나 중요한 이야기를 갖고 있다고 믿고 있습니다. 그 이야기는 역경을 극복하는 과정에서 얻을 수 있는 선물이며, 다른 사람들에게 꼭 전해져야 그 효력을 발휘할 수 있습니다.

그것은 인생의 목적을 발견하는 전환점이나 혹은 각성의 순간일지도 모릅니다. 어쨌든 그것은 우리가 존중하는 가치를 스스로 지키게 해주는 역할을 하는 것입니다.

버스 이야기를 많은 사람들에게 들려주면서, 대부분의 리더들이 품은 야망은 그들의 지극히 개인적인 동기나 경제적 이익을 넘어서는 훨씬 더 근본적인 어떤 것에 뿌리를 두고 있다는 사실을 알게 되었습니다. 꽁꽁 숨겨놓은 자신만의 중요한 이야기는 자아의 핵심을 드러내기 때문에 밝히기 꺼려지는 것이 당연합니다. 그러나 리더에게는 그런 이야기를 남들에게 해야 할 책임이 있다고 생각합니다. 그 사연과 의미가 스스로 마법을 발휘해서 조직 구성원들이 하고 있는 일에 더 큰 의미를 부여하도록 도울 수 있기 때문입니다.

첫 번째 교훈:
자신의 이야기를 하라

    사람들 앞에 나서서 자신의 정체성과 삶의 목적에 관한 이야기를 해야 합니다. 그러지 않으면 그들은 저마다의 생각과 목적대로 행동할 것이고, 리더가 중시하는 가치와 그 이유에 대해서는 추측에 의존할 수밖에 없습니다. 결국 일을 제대로 마무리하기는커녕 리더가 품은 사명에 대해 (혹은 그런 것은 아예 없다고) 지레짐작한 채 지내다가, 충족되지 않은 가치를 제공해주는 경쟁자가 나타나면 주저 없이 조직을 떠나고 말 것입니다. 그 전까지는 그저 쫓겨나지 않을 만큼만 일하며 근근이 일과를 버텨낼지도 모릅니다.

    한계를 넘어서고 싶다면 모든 것을 걸어야 합니다. 이야기는 분명하게, 메시지는 호소력 있게 다듬어야 합니다. 거기에 진심이 담겨 있는지 그냥 하는 말인지 사람들은 다 알고 있습니다. 리더가 투명한 메시지를 전달해야 비로소 조직의 결속력이 단단해지고 목표가 공유되는 결실을 맺을 수 있습니다.

하룻밤 사이에 이루어질 일은 아니지만, 리더는 구성원들이 알아들을 때까지 자신의 이야기를 지겨울 정도로 전달해야 합니다. 리더가 가진 큰 꿈에 그들이 어떻게 협력할 수 있는지 알려줄 기회가 있다면 모두 활용해야 합니다. 그런 노력이 점점 쌓이면 그들은 한 차원 높은 헌신을 보여줄 것이며, 대의에 동참한다는 자부심을 느끼게 될 것입니다. 거꾸로 직원들이 당신 혹은 동료 간에 나누는 저마다의 이야기에도 귀를 기울이고 이를 존중해주어야 합니다. 그들이 작은 성공을 거둘 때마다 찬사를 보내는 데 인색하지 말아야 합니다. 사람은 누구나 남들에게 존중받으며 자신의 존재 가치를 확인하고 싶은 법이기 때문입니다.

1. 나를 따르는 사람들은 내가 이 일을 하게 된
    중요한 동기가 담긴 사연을 알고 있는가?

2. 그 사연이 담긴 이야기는 내가 하는 모든 일에
    어떻게 반영되어 있는가?

3. 사람들이 자신의 중요한 이야기를 터놓고 말하도록
    하기 위해 어떤 방법으로 돕고 있는가?

후일담

1년 후, 저는 티그 씨에게 전화해서 당시 버스에서 친절을 베풀어주신 덕분에 제 인생이 어떻게 바뀌었는지에 대해 말씀드렸습니다. 저는 티그 씨의 행동에 감명받고, 꼭 그 은혜를 다른 사람에게 똑같이 베풀겠다는 결심을 했다고 전해 드렸습니다. 그러자 크게 감동하시더군요. 며칠 후 티그 씨가 보낸 편지를 받았습니다. 거기에는 고맙다는 인사와 함께 제 전화를 받고 눈물을 흘렸다는 고백이 담겨 있었습니다. 저한테서 전화를 받고 당신도 삶의 보람을 느꼈다고 하시더군요.

버스에 탄 그 아이의 모습을 자신의 내면에서도 본다고 저에게 말씀해주신 분들도 많았습니다. 그들은 남들로부터 무시당하는 느낌이 어떤 것인지 알고 있는 사람들입니다. 또한 소외된 아이들을 너그러운 마음으로 눈여겨보게 되었다고 말한 사람은 더 많았습니다. 그런 아이들의 이야기에 그저 귀기울여주고 그들이 진면목을 보여줄 때까지 기다리는 것 정도는 우리 모두 할 수 있는 일이 아닐까요? 우연히 마주친 힘겹게 살아가던 아이에게 작은 친절의 손길을 내민 것이 그 아이의 하루를, 혹은 인생을 바꿔놓을지 그 누가 알겠습니까?

66

리더가 투명한 메시지를 전달해야
비로소 조직의 결속력이 단단해지고
목표가 공유되는
결실을 맺을 수 있습니다.

99

02

복권에 당첨된 날

1954년 봄, 제 아버지 호르헤Jorge는 매년 봄이 올 때면 수년째 그랬듯이 멕시코 북부의 수용시설 앞에 줄을 선 채 기다리고 있었습니다. 당시 멕시코에는 아버지처럼 날마다 브라세로Bracero가 되기를 기다리는 수백만 명이 모여들었습니다. 스페인어로 브라세로란 육체 노동자를 가리키는 말로, '맨손으로 일하는 사람'이란 뜻입니다. 브라세로 프로그램은 1942년에 미국과 멕시코 사이에 체결되어 1964년까지 이어졌던 협정입니다. 2차 세계대전으로 노동력이 부족해진 미국에 임시 인력을 제공할 목적으로 이루어진 사업이었습니다.

그해에 지원한 사람은 수백만 명에 달했지만 오직 30만 명만 계약 노동자로 선발되었습니다. 당시 10대 소년이었던 아버지는 군인이 되기를 갈망했지만 어려운 가정 형편 때문에 그 꿈을 이루지 못했습니다. 그 길이 막힌 후, 아버지는 브라세로가 되기로 결심했습니다. 그리고 무려 9년을 기다린 끝에 마침내 선발되기에 이르렀습니다.

아버지는 브라세로가 된 이후 오랜 시간 미국 서부 전역을 돌아다니며 등골이 휘어지도록 농작물을 수확했습니다. 한 번 일을 나설 때마다 어머니와 우리를 몇 달간 멕시코에 남겨둔 채 말입니다. 그렇게 혹독한 환경을 견디며 버는 수입이라야 시간당 1달러가 채 되지 않았습니다. 아버지는 자신이 겪은 열악한 상황을 자식들에게 숨기셨지만, 주거와 위생 상태는 표준 이하였으며(불결한 정도까지는 아니라 하더라도), 제대로 된 음식을 먹지 못하며 일하셨다는 사실을 저도 이제 알고 있습니다. 그런 상황은 모두 브라세로 계약에 위배되는 일들이었지만, 그 정도는 별 문제가 되지 않는 분위기였습니다. 현장에서 근로자들은 폭력적인 취급을 받기 일쑤였습니다.

역경을 다르게 보기

인생의 황혼에 접어드신 아버지는 당신이 브라세로에 뽑힌 날이야말로 복권에 당첨된 날이었다고 제게 말씀하시곤 했습니다. 아버지의 인생이 어떠했는지 뻔히 아는 저로서는 도무지 무슨 말씀을 하시는 것인지 이해할 수 없었습니다. 그 모든 궁핍과 혹사, 저임금을 견딜 수밖에 없었던 아버지는 그런 과거에 분노를 쏟아내야 마땅했습니다. 그러나 아버지가 보시는 관점은 달랐습니다.

아버지의 어머니, 즉 저의 할머니는 갓난아기 때 길거리에 버려졌다가 구조된 분이셨습니다. 대대로 가난에 찌든 채 치와와_{멕시코 북부의 도시 - 옮긴이}에서 자란 아버지의 마음

속에는 오로지 집안을 가난의 굴레에서 벗어나도록 해야 한다는 생각밖에 없었습니다. 자식들에게 자신보다 더 나은 삶을 물려주고 싶었던 아버지는 가족을 위해서라면 그 어떤 희생도 대단치 않게 여기셨고, 그 어떤 가혹한 조건도 견뎌내실 수 있었던 것입니다. 그랬기 때문에 아버지는 만년에 이르러서도 깊은 성취감과 감사함을 간직할 수 있었던 것입니다. 브라세로가 됨으로써 아버지는 우리 가정의 미래를 바꿀 기회를 얻었습니다.

브라세로 프로그램이 끝난 1964년에 어머니 마르티나 Martina와 우리 형제자매들은 아버지와 함께 미국으로 이민을 가게 되었습니다. 우리 가족이 정착한 곳은 뉴멕시코 New Mexico 주 남서부의 작은 마을이었고, 아버지는 양 목장에서 일을 시작하셨습니다. 우리는 침실이 두 개 딸린 작은 집에 살았습니다. 그곳은 비록 사치품이라고는 찾아볼 수 없었지만 사랑이 넘치는 보금자리였습니다. 열세 명의 형제자매들 중에서도 저는 가장 어린 축에 속했습니다.

어려서부터 저는 새벽 5시에 일어나 일을 하러 나갔습니다. 이주민 농가의 일원으로 들에 나가 일할 때도, 작은 목장 마을에서 아버지와 함께 일할 때도 마찬가지였습니다. 학교 가기 전에 일하고, 가끔은 방과 후에도 다시 일터로 돌아가는 일상이었습니다.

매년 4월이 되면 우리 가족은 뉴멕시코를 떠나 콜로라도Colorado와 와이오밍Wyoming, 아이다호Idaho 등지를 떠돌았습니다. 양파와 감자, 복숭아 등을 수확하고 사탕무 밭에서 잡초를 뽑는 것이 일이었습니다. 그리고 9월이 되면 다시 집으로 돌아와 그동안 번 돈으로 학교 다니면서 입을 옷을 사 입고, 놓친 수업을 따라잡으려 애를 썼습니다. 아주 어려서부터 저는 가계에 보탬이 되는 일을 시작했습니다. 어릴 때는 동생 에드와 놀러 다닐 시간이 있었지만, 한두 살 더 먹을수록 그 시간들은 주 6일, 하루 10시간씩 뉴멕시코와 텍사스Texas 주의 목화밭에서 일하는 것으로 채워졌습니다. 저는 남들도 다 그렇게 사는 줄 알았습니다.

중학교에 갈 나이가 되자, 부모님이 힘겹게 일하며 최선을 다하시지만 우리 가족의 형편이 주변의 이웃들과는 많이 다르다는 사실이 보이기 시작했습니다. 그것을 부끄럽다고 생각한 적은 없었습니다. 하지만 다른 사람들의 시선과 말에 굉장히 수세적으로 반응하게 되었습니다. 어머니가 우유를 사 오라고 심부름을 시키면 가게 쓰레기통 뒤에 숨어 있다가 문 닫을 시간이 되어서야 잽싸게 들어가서 필요한 것만 사 가지고 나왔습니다. 정부에서 준 식료품 구매권으로 물건을 사는 모습을 다른 사람에게 보여주기 싫었기 때문입니다. 학교 점심시간에 식당에서 줄을 설 때는 매번 우스꽝스런 행동으로 아이들의 주의를 딴 데로 돌려 식당에서 일하시는 분이 무료 급식명단에 있는 제 이름에 체크하는 모습을 보지 못하게 했습니다. 우리 가족이 다른 사람들과 똑같아 보이도록 제 나름대로는 체면을 지키려고 무던히도 애를 썼던 것입니다.

역경은 축복이다

저는 열아홉 살에 군에 입대했습니다. 3주간 입소한 신병 훈련소에서 밤 11시 30분쯤 손전등으로 발 밑을 비춰 보면서 그동안 자라온 환경에 대해 생각하게 되었습니다. 동료 소대원들은 긴 시간의 훈련과 조교가 퍼붓는 모욕적인 언사 등을 잘 견디지 못했습니다. 특히 스스로 믿어왔던 모든 것들이 철저히 무너지는 상황에 무방비 상태로 놓여 있다는 사실에 당혹해했습니다. 그날 밤 주변에 있던 모두가 다음 날 새벽 4시 반에 일어나 또 이런 혹독한 훈련을 반복해야 한다는 것에 대해 불평을 늘어놓는 모습을 보면서, 저는 이곳의 삶이 고향에 두고 온 현실과 그리 다를 바 없다는 사실을 깨달았습니다. 저는 이미 오랫동안 동트기 전에 일어나 들판에서 일하는 게 습관이 된 사람이었습니다. 저는 노골적인 인종 차별도 당해봤고 물질적인 안락함이나 넉넉한 여가시간 없이 사는 데에도 익숙했습니다.

그날 밤 저는 앞으로 몇 달간 힘든 일들과 마주치겠지만, 그 정도는 지금까지 겪어온 일들과 다를 바 없다는 생각이 문득 들었습니다. 어릴 때부터 힘들게 살아온 경험이 처음으로 유리한 조건이라고 느꼈던 것입니다. 기초 군사훈련을 무사히 마칠 수 있을까 걱정했던 것이 오히려 축복으로 느껴지기 시작했습니다. 신병이라면 으레 치러야 할 육체적인 괴로움과 정신적 스트레스를 과연 견딜 수 있을까 하는 의심은 전혀 들지 않았습니다. 이미 갖고 있던 인내심과 강인함, 끈기를 발휘하기만 하면 되는 거였으니까요.

부모님의 희생에 늘 감사한 마음을 가지고 있었습니다. 아버지는 초라하지만 강인한 농부셨습니다. 그렇지만 아버지가 가족을 위해 세우셨던 인생 목표를 이미 달성하셨다는 사실을 믿는 데까지는 시간이 좀 더 오래 걸렸습니다. 어렸을 때는 전혀 그렇게 보이지 않았지만, 아버지는 자신이 절대 가져보지 못한 기회를 자녀들에게 제공하는 데 성공하셨던 것입니다.

두 번째 교훈:
세상을 바라보는 관점이 중요하다

    사업을 시작해서 리더로 자리잡는 것은 무척 어려운 일입니다. 낡은 고정관념에 사로잡혀 있다면 일이 점점 더 힘들어질 뿐입니다. 저는 완벽을 추구하느라 터무니없을 정도로 스스로를 몰아세웠습니다. 경영진의 면모를 제대로 꾸리는 것이 중요하다고 생각해서 조직도의 맨 꼭대기에 있는 인물답게 자신부터 만반의 준비를 갖추어야 한다고 생각했습니다. 과거의 업무 경험과 전형적인 문화적 고정관념에 사로잡혀 잘못되거나 비현실적인 모범을 무작정 따랐습니다. 그러다 보니 오랫동안 자기 위주의 거만한 우두머리 이미지에 매달려왔음을 알게 되었습니다. 겸손과 희생을 몸소 보여주신 아버지의 모범을 따랐다면 아마 훨씬 더 나은 대접을 받을 수 있었을 것입니다.

저는 결국 역경을 통해 무엇을 배웠는지 진지하게 고민하기 시작했습니다. 그리고 제가 거기에 감사해야 할 이유와 거기에서 얻은 교훈을 어떻게 적용해야 할지 깊이 연구했습니다. 저는 젊은 기업가라서 정신을 차리지 못할 정도로 두렵거나 좌절하기도 했고, 너무 당황해서 어쩔 줄 모를 때도 많았습니다. 그러다 보니 과연 다른 누군가가 믿고 따를 만한 사람이 될 수 있을지 의심이 들 때가 종종 있었습니다. 하지만 이따금 과거의 경험을 떠올리다 보면 제가 가진 생각을 확고히 할 수 있다는 사실을 깨닫게 되었습니다. 새로운 인생의 도전에 직면할 때마다 지난 세월의 경험을 되돌아보면서 이미 알고 있는 사실에 보탤 새로운 이야기나 핵심적인 교훈을 찾을 수 있었습니다.

시간이 지나면서 나의 모자란 지식을 메워줄 너그러운 멘토 분들을 만나게 되었습니다. 그분들은 어려운 질문 앞에서 우매했던 제 생각을 깨우쳐주었습니다. 지금까지도 저는 믿음직한 조언자들의 소중한 지혜에 크게 의지하고 있습니다. 그러나 다 같이 리더의 길을 걷는 상황이라도 그 분들과 제가 꿈꾸는 조직의 모습은 각자 다를 수밖에 없습니다. 성공하는 리더가 되려면 누구나 예외 없이 익숙한 과거를 뒤로하고 스스로 일어서서 자신만의 비전을 발견해야 합니다. 우리는 모두 각자 어깨에 짊어진 짐의 무게를 느끼며 외로움에 부딪히는 순간을 맞이할 수밖에 없는 존재입니다.

리더십은 성별과 인종, 부, 교육으로 이루어진 함수가 아닙니다. 저만 하더라도 특별한 배경을 타고난 사람이 아니었습니다. 출발선은 서로 달라도 리더가 되려는 사람은 누구나 머지않아 똑같은 숙제에 직면하게 됩니다. 진정한 리더십은 늘 자신의 내면에서 일어나는 것입니다. 자신의 인물됨을 가꾸는 일이야말로 바로 리더십의 본질입니다. 따라서 우리가 스스로에게 던져야 할 가장 중요한 질문은 "나는 어떤 사람이 되고 싶은가"입니다.

역경은 고통스럽습니다. 각자의 환경이 어떻든 역경이

야말로 삶의 기본적인 조건이라는 점을 우리 모두 잘 알고 있습니다. 실수를 저지르거나 어쩔 수 없는 상황에 빠졌을 때 우리는 기가 꺾이고 좌절하곤 합니다. 자신의 실패가 숨김없이 드러날 때는 누구라도 굴욕감을 느낄 수밖에 없습니다. 하지만 실패를 인정할 수 있는 용기를 가진 사람은 역경을 가장 좋은 친구로 삼을 수 있을 것입니다. 비록 힘든 길이지만, 그것이야말로 여러분이 갈망하는 리더가 되는 길에 진전이 있는지를 보여주는 가장 정직하고 확실한 척도일 것입니다.

1. 살아오는 동안 어떤 사람의 역경이
   도움이 된 적이 있는가?

2. 나는 역경을 어떤 시각으로 바라보는가?

3. 오늘날 내가 있기까지 그 역경이
   어떤 영향을 미쳤는가?

후일담

아버지가 돌아가신 후에 저는 어머니와 몇 명의 형제자매들과 함께 멕시코로 여행을 떠났습니다. 우리는 부모님이 성장하신 치와와 주의 작은 마을을 방문했습니다. 아버지께서 나고 자란 집을 봤을 때 느꼈던 그 숙연한 감정을 결코 잊지 못할 것입니다. 그 집은 그저 돌만 잔뜩 쌓은 벽에 나뭇가지와 진흙을 메워 넣은 정도의 거처에 지나지 않았습니다. 바닥은 지저분했고 나뭇가지로 이어놓은 지붕은 그나마 거의 남아 있지 않았습니다. 그 집에서 돌조각하나를 들고 왔습니다. 지금 제 책상 오른편 장식장 안에들어 있는 그 돌조각은, 아버지의 역경이 어디에서 시작되었는지 일깨워주는 상징이 되었습니다.

66

자신의 인물됨을 가꾸는 일이야말로
바로 리더십의 본질입니다.

99

03

아버지와의 통화

전화기에서 누이의 목소리가 들려왔습니다.

"시간 내서 아버지 뵈러 한번 올 수 있어?"

1998년 브리티시컬럼비아British Columbia 주 밴쿠버 Vancouver에 출장 가는 길이었습니다. 아버지가 쓰러져 응급실에 실려가신 지도 한참이 지났을 때입니다. 폐결핵으로 18개월째 투병 중이셨으므로, 우리는 이제 시간이 얼마 남지 않았다는 것을 알고 있었습니다.

아버지는 이번에도 특유의 묵묵한 태도로 투병 생활을 하고 계셨습니다. 제가 '멕시코의 존 웨인'이라 불렀을 정도로 아버지는 평생 카우보이모자에 부츠를 착용한 채 그분 세대에 걸맞은 태도로 살아오셨습니다. 사나이는 결코 눈물을 보이지도, 두려워하지도 않는다는 태도로 병세가 아무리 악화되어도 절대로 약한 모습을 보이지 않으셨습니다.

저는 어렸을 때 아버지 곁을 거의 떠난 적이 없습니다. 제 눈에 아버지는 마치 스페인 정복자와도 같은 존재였습니다. 물론 그렇다고 아버지와 늘 친한 사이였던 것은 아닙니다. 아버지의 성격은 한마디로 모순덩어리였습니다. 카리스마 넘치는 면과 다정다감한 면, 고집스러운 점과 조바심 어린 태도를 모두 가지고 계셨습니다. 어머니 말씀처럼 아버지의 성품은 꿀과 독을 한꺼번에 품고 있는 것 같았습니다.

사실 그 주에 저는 친구 결혼식에 참석하기 위해 콜로라도스프링스Colorado Springs에 갈 예정이었습니다. 결혼식이 끝난 일요일 오후에 부모님을 뵈러 뉴멕시코로 갈 비행기 표도 예약해둔 상황이었습니다. 결혼식 참석을 취소하고 다음 날 병원에 도착하는 일정으로 변경하는 것은 쉬운 일이었습니다.

다음 날 이른 아침에 아버지께 전화를 드렸습니다. 아버지께 지금 가는 길이니 저녁에는 뵐 수 있을 것 같다고 말씀드리려고 했습니다. 그런데 전화기 너머에서 아무 소리도 들리지 않았습니다. 긴 침묵이 흐르자 저는 당황했습니다. 아버지의 침묵은 저의 선택과 어긋나는 것이었습니다. 아버지를 뵈러 가는 게 그렇게 잘못된 일인가? 그것도 지금 같은 상황에서?

드디어 침묵이 끝나고, 익숙한 스페인어가 들려왔습니다.

"주말에 콜로라도에서 친구 결혼식이 있다고 하지 않았니?"

"예, 아버지. 하지만 친구도 이해할 거예요. 아버지가 얼마나 편찮으신지 그 친구도 알아요."

다시 긴 침묵이 이어졌습니다.

"친구에게 참석한다고 약속했을 거 아니냐?"

"예, 아버지. 그런데 걘 정말 이해해줄 녀석이에요."

그리고 또 다시 한참 침묵이 이어졌습니다.

어색한 침묵을 깨고자 저는 마치 10대 아이들이 자동차를 빌려달라고 조르듯이 우겨대기 시작했습니다. 그러나 아무리 매달려도 아버지의 마음을 돌릴 수는 없었습니다. 아버지는 다채로운 스페인어를 구사하시며 확실하게 못을 박았습니다. 일정을 바꾸는 거야 제 맘이지만, 제가 나타나더라도 병실에는 한 발짝도 못 들어오게 하겠다는 것이었습니다.

아버지의 의중이 확실해졌으니 어쩔 수 없이 계획대로 친구 결혼식에 가야만 했습니다. 갑자기 실망과 혼란, 좌절감이 몰려왔습니다. 제때 아버지를 뵙지 못할 수도 있을 거라는 생각에 공포가 엄습했습니다.

아버지는 약속을 지키는 것을 그 무엇보다 중요하게 여

기셨습니다. 일단 약속을 했으면 무슨 일이 있어도 지켜야 했습니다. 아버지는 이 원칙을 목숨처럼 지키신 분이셨습니다. 그분은 평생에 걸쳐 약속을 가장 소중한 가치로 여기신 분입니다. 그리고 우리에게도 그 원칙을 분명히 지키도록 요구하셨습니다.

결혼식에 참석하러 콜로라도스프링스로 가는 비행기 안에서 제가 내린 결정에 대해 다시 생각해봤습니다. 이 선택을 평생 후회하게 될 것이 분명했습니다. 아버지 말씀을 거역했어야 했다고 내내 되뇌었습니다. '내가 가더라도 아버지께서 병실에 나를 들어오지 못하게 할 이유가 없잖아'라는 생각이 머리에서 떠나지 않았습니다. 아버지를 다시 뵙지 못하게 된다면 그 한을 평생 어떻게 감당하며 살아야 하나 고민하기 시작했습니다.

콜로라도스프링스의 호텔에 도착해서 짐을 풀고 아버지께 전화를 드렸습니다. 아버지는 좋은 시간 보내라고 말씀하시고는 "일요일에 집에 오렴. 기다리고 있으마"라고 말씀하셨습니다.

　사흘 후에 아버지가 계신 병실에 들어서면서 저는 안도의 한숨을 내쉴 수 있었습니다. 저는 약속을 지켰고, 아버지도 기다리고 있겠다는 약속을 지키셨습니다.

세 번째 교훈:
<u>가장 어렵지만 옳은 길을 택하라</u>

PG를 창립한 지 11년째가 되자 지난 5년간 거듭해온 탄탄한 성장세가 주춤하더니 제자리에 멈춰버린 것 같았습니다. 미칠 듯이 신경이 곤두선 채 회사 이곳저곳을 점검하는 동안, 좋았던 시절은 한낱 요행일 뿐이었나 하는 의심을 떨칠 수 없었습니다. 진단과 조사를 거듭할수록 더욱 깊은 좌절에 빠졌습니다. 실제로 경영상 조금이라도 미심쩍은 부분이 보이면 남김없이 조사했습니다. 일부 공백이 발견된 분야도 있었지만 전체적으로 큰 문제는 없다고 봐야 했습니다. 이후 몇 개월간 약간의 상승세를 회복했음에도 왠지 모를 찜찜한 느낌은 사라지지 않았습니다.

회사의 장래성은 그 회사가 속한 산업 분야에 대한 전문성과 업무의 수월성에 좌우된다는 상식을 저는 믿고 있습니다. 회사는 가치를 창출해야 합니다. 그동안 저는 조직이 성과를 내도록 이끄는 데 중점을 두고 회사를 운영했습니다. 그래서 큼직큼직한 일에만 책임을 졌고, 소소한 일들은 별로 상관하지 않을 때도 있었습니다. 최종 목표인 실적에 집중하는 것이 훨씬 더 중요하다고 여겼기 때문입니다.

그런데 다른 무엇보다도 조직 구성원들과 저 사이에서 제가 원하는 종류의 유대감이 형성되지 못했습니다. 굳이 말하지 않아도 언제 어디서나 서로 믿을 수 있는, 마치 아버지와 제가 서로를 믿는 것과 같은 수준의 관계가 제가 원하는 것이었습니다. 반면에 PG의 사무실 분위기는 그저 피상적인 수준에 그치고 있었습니다.

이대로는 도저히 정답을 찾지 못할 거라는 생각이 들어서 외부 컨설턴트를 초빙해 별도 미팅을 가졌습니다. 컨설턴트는 우리 회사를 갖가지 기법을 총동원해서 분석했습니다. 점검 결과 평소 우리가 서로에게 정성을 다하지 않고 있었음이 고스란히 드러났습니다. 후속 연락을 빼먹는 일이 잦았고, 무슨 일이든 늦어지기 일쑤였으며, 필요한 정보를 얻으려고 서로를 쫓아다니기만 했습니다. 그 결과를 듣고 회의실 분위기가 아주 무거워졌습니다.

내내 컨설턴트의 설명을 듣기만 하던 제 머릿속에 약속을 지켜야 하니 친구 결혼식에 가라고 고집하시던 아버지의 말씀이 떠올랐습니다. 마침내 모든 문제가 어떻게 서로 연관되어 있는지 한꺼번에 이해되기 시작했습니다. 정체된 사업과 단합이 안 되는 회사 분위기, 오로지 실력과 업무 성과, 이윤에만 매달리는 문제점 등이 말입니다. 이 모든 문제는 제가 약속을 지키지 못하는 것과 관련이 있었습니다.

지난 5년간 성공을 거듭해오는 과정에서 리더십의 성공 요건이 무엇인지에 관한 생각이 흐트러져버렸던 것입니다. 일상에서 일어나는 작은 일들을 별것 아니라고 생각했었지요.

'회의에 몇 분 늦긴 했지만, 내가 바쁘다는 건 다들 아니까.' '아차, 그 고객에게 전화를 안 했네. 나중에 하지 뭐.' '아

무래도 보고서가 늦을 것 같군. 그래도 다음 주까지만 하면 될 거야.'

나쁜 뜻으로 한 일이 아니니까 한두 번의 실수쯤은 괜찮을 거라고 생각했습니다. 게다가 저는 사장이었으니까요.

하지만 리더는 모든 사람의 눈과 귀가 집중되는 자리입니다. 사람들은 늘 리더를 평가하고 있습니다. 리더의 말과 행동이 달라지는 순간, 그의 진정성과 권위는 곧바로 무너질 수밖에 없습니다. 그리고 사람들로부터 신뢰를 얻기 점점 더 어려워질 것입니다.

리더의 행동을 꾸준히 지켜보는 것은 직원이나 고객이나 모두 마찬가지입니다. 리더가 하는 말보다는 그가 하는 행동이 모든 사람이 따라 할 수 있는 모범이 되는 것입니다.

리더로서 신뢰를 구축하지 못했다 하더라도, 직원과 고객이 자신을 믿도록 할 방법은 여전히 남아 있습니다. 리더는 간부는 물론 회사의 전 직원들과 허심탄회하게 대화해야 합니다. 이제부터 절대로 작은 일에도 소홀히 하지 않겠다고 말해야 합니다. 비난이나 회피는 금물입니다. 회사를 둘러싼 상황에 전적으로 책임지는 자세를 보여야 합니다. 직원들의 실수를 지적할 때도 정중한 태도를 유지하겠다고 약속해야 합니다. 그리고 그들에게도 마찬가지로 리더를 똑같이 대해 달라고 부탁하십시오.

진정한 의사소통을 통해 신뢰를 구축하려 한다는 신호를 분명히 보이십시오. 예를 들어 통화할 시간을 정할 때도 그저 몇 시 정각, 몇 시 30분이 아니라 8시 29분이나 11시 2분처럼 정확하게 잡아보는 것입니다. 그런 다음 정확히 그 시각에 전화하면 반드시 약속을 지킨다는 신호가 되어 심리적으로 대단히 유리한 고지를 확보할 수 있습니다.

신뢰 형성에 일상적인 행동이 중요하다는 사실도 알아야 합니다. 매사에 솔직한 태도를 보이고, 상대방의 말을 경청하고, 약속을 지키고, 투명성을 유지하는 것 등 신뢰를 얻을 수 있는 행동들은 수없이 많습니다. 이런 행동은 모두 우리가 어려서부터 귀에 못이 박히도록 배워온 것들입니다. 그 상식을 회사에서도 그대로 적용하면 됩니다. 사람들이 우리의 메시지에 귀를 기울이고, 회사가 내건 가치 제안을 믿으며, 우리의 서비스를 선택할 수 있도록 말입니다. 상황이 나빠져도 계속 우리와 거래하는 이 모든 일들이 먼저 신뢰를 쌓지 않고서는 결코 이루어지지 않는다는 점을 끊임없이 강조해야 합니다.

신뢰의 필요성을 절감하기 전에는 한푼도 투자해서는 안 됩니다. 스스로의 진실성을 무너뜨리지 않아야 합니다. 아무리 사소한 일도 누군가 지켜본다는 사실을 깨달아야 합니다. 리더의 인격이 실제로 어떤 모습인지 모두 다 훤히 보입니다. 스스로를 속일 수는 있어도 팀원들은 다 알고 있습니다. 사람들이 리더에게 보내는 신뢰는 그 어떤 것보다 중요한 자산입니다. 그것은 우리 회사와 브랜드, 평판, 리더십 능력의 성공 여부를 좌우하는 순풍 혹은 역풍이 될 수 있습니다.

회사에 속한 그 누구도 완벽한 사람은 없습니다. 회사의 누군가가 서로에 대해서나 고객과의 관계에 있어서 신뢰 형성의 기회를 놓쳤을 때 저는 그 실수를 뼈아프게 지적합니다. 신뢰 구축을 위해 우리가 정한 목표를 달성했을 때는 다 함께 축하합니다. 우리가 했던 약속을 지키는 것이 더없이 고통스럽더라도 말입니다. 끈질긴 노력 끝에 우리 회사는 하나의 공동체가 되어 가고 있습니다. 그리고 피상적인 관계는 서로 격려하고 협력하는 환경으로 변하고 있습니다. 회사 전체에서 일어난 이 극적인 변화는 우리가 신뢰를 가장 중요한 가치로 여기고 실천하면서 찾아온 선물이었습니다.

1.   신뢰를 구축하기 위한 행동으로 솔선수범하며
      모범을 보이고 있는가?

2.   조직 구성원들과의 신뢰 구축을 위해
      의도적으로 하는 일은 어떤 것인가?

3.   어떤 지표를 가장 중요시하는가?

후일담

콜로라도스프링스에서 열린 친구의 결혼식이 끝나고 병원에 도착한 저는 한 주 내내 아버지 곁을 지켰습니다. 크고 힘센 아버지의 손을 꼭 붙잡고, 들려주시는 말씀에 귀를 기울였습니다. 아직 말씀하실 힘이 남아 있지만, 이야기할 시간이 얼마 남지 않았다는 것을 알았기에 궁금한 것들을 많이 여쭈었습니다. 저 역시 아버지께 처음 꺼낸 이야기도 있었습니다.

결혼식이 있던 전날 밤, 저는 친구와 맥주잔을 기울이며 서로 근황을 주고받았습니다. 그러던 중 그 친구의 친구 한 명이 인사를 하러 우리 자리에 들렀습니다. 아름다운 회색 눈동자를 가진 노르웨이 출신 아가씨였지요. 친구는 우리 둘을 서로 소개해주었습니다. 그러나 그 친구의 말 중 기억나는 것은 "바비, 이쪽은 로슬린Roslyn이라고 해" 뿐이었습니다. 그녀가 곁에 있던 그 잠시 동안 저는 아이처럼 어쩔 줄 몰라서 속마음을 감추려고 애를 썼습니다. 운명을 믿는 편은 아니지만, 밤이 깊어갈수록 제가 콜로라도스프링스까지 온 것이 시애틀Seattle에서 온 이 아가씨를 만나기 위해서였다는 생각이 들었습니다. 그리고 설마 아버지도 이 사실을 아셨던 것일까라는 희한한 생각이 떠나지 않았습니다.

그동안 제가 여자친구와 사귄 이야기를 아버지께 해드린 적은 없었습니다. 하지만 이번만큼은 정말 특별하다는 생각이 들어서 아버지께 말씀드렸습니다. 아버지의 임종을 앞두고 함께 지낸 며칠간 약속의 중요성을 일깨워주셔서 고맙다고 직접 말씀드렸습니다. 아버지는 마지막으로 아들을 볼 기회를 놓칠 수도 있는 위험을 무릅쓰고 저에게 결코 잊을 수 없는 교훈을 가르쳐주셨습니다. 3주 후인 1998년 5월 20일, 아버지는 세상을 떠나셨습니다.

그리고 3년 후, 저는 로슬린과 결혼했습니다. 저는 아버지께서 마지막까지 저를 위해 가장 귀한 선물을 아껴두셨다고 사람들에게 말하곤 합니다.

04

자동차 여행

2002년, 저는 로슬린과 함께 캘리포니아California 주 새너제이San Jose에서 미시간Michigan 주 디트로이트Detroit까지 대륙을 횡단했습니다. 이제 막 결혼한 우리는 말 그대로 새로운 인생을 향해 질주하듯 길을 나섰습니다. 익숙했던 모든 것들을 뒤로한 채 새로운 집과 새로운 도시, 새로운 친구들을 찾아 설레는 마음으로 떠났습니다. 그런데 막상 길을 떠나자 새로운 풍경이 눈에 들어오기보다 새롭게 시작하기로 한 사업 때문에 마음이 무거워졌습니다.

우리는 새로운 사업에 모든 것을 걸 각오가 되어 있었

습니다. 우리는 흥분과 두려움 사이에서 총천연색으로 널 뛰기를 반복하고 있었습니다. 아내는 저를 적극 지지하고 있었지만, 성공하기 위해 어떤 계획을 세웠는지 무척 궁금해했습니다. 그래서 저에게 많은 질문을 던졌습니다. 이 대목에서 드러난 그녀의 태도가 우리 둘 사이의 차이점을 가장 잘 보여주는 사례라고 생각합니다. 제 성격은 시스템에 얽매이기를 끔찍이 싫어하며 가끔 카우보이 기질도 발동되는 유형입니다. 거친 서부극에나 어울리는 자유분방한 태도를 지녔고, 뚜렷한 경계가 보이지 않는 환경에서도 주도권을 발휘하며, 도전이 닥칠 때마다 대응하는 데 익숙한 편입니다. 하지만 로슬린은 저와 정반대 성격이었습니다. 그녀는 앞날을 미리 예측하고 대비할 방법을 찾으려고 하는 계획적인 사람이었습니다.

아내가 질문을 거듭할수록 확신을 갖고 대답할 말이 점점 줄어들었습니다. 새로 시작할 회사가 감당하게 될 현실을 예측할 수 없었기에 확고하고 뚜렷한 대답을 내놓지 못했습니다. 저는 점점 불안해졌습니다. 그리고 잠시 침묵이 흘렀습니다. 디트로이트에서 160킬로미터 정도 떨어진 지점에서 로슬린은 제가 가장 쉽게 대답할 수 있는 질문을 던졌습니다.

"당신, 혹시 겁나는 거야?"

"그래."

사실 저는 지금껏 제가 직원으로 일했던 대부분의 회사들과는 전혀 다른 회사를 세우고 싶었습니다. 우리 둘 다 직장생활을 해보았기 때문에 사내에서 발언권도 없고, 존중받지도 못하며, 심지어 제가 회사에 맞지 않는다고 생각할 때 어떤 기분이 드는지 잘 알고 있었습니다. 제가 품고 있던 수많은 공략 목록 중에는 그 누구나 싫어할 만한 일들이 포함되어 있었습니다. 거짓 연기와 등 뒤에서 칼 꽂기, 험담, 거짓말, 사내 정치 같은 것들 말입니다. 특히 상사들이 실제보다 더 유식한 척하는 모습이 꼴 보기 싫었습니다. 그래 봤자 다른 사람들 눈에는 속이 훤히 보이는 행동이었기 때문입니다.

생각하기도 싫은 온갖 내용들 대신에 앞으로 제가 '어떤 느낌으로 일하고 싶은 회사를 세울 것인가'에 대해 대화를 시작했습니다. 저는 사람들이 대의를 위해 서로 교류하기를 바랐습니다. 가식을 부리기보다는 저마다 자신의 가치를 깨달아 진정한 자아를 찾을 수 있는 환경을 만들고 싶었습니다. 그렇게 할 수만 있다면 회사 구성원 모두가 정예부대가 되어 승리를 향해 이를 악물고 달려갈 것이라 생각했으니까요. 어떤 일이 닥쳐도 서로가 서로에게 든든한 힘이 되는 조직을 만들고 싶었습니다. 진실을 말하는 것이 어렵고 두려울 때도 있겠지만, 우리가 항상 그럴 수 있다면 좋을 거라 생각했습니다. 호기심 많고 겸손한 아이들처럼 자신을 너무 심각하게 여기지 않는 태도도 필요하다고 생각했습니다. 일을 하면서 창의적인 재미와 놀이, 장난기를 발동할 수 있어야 합니다. 자신의 일에 관해서 직위에 상관없이 겸손한 태도로 언제든 배우려는 학생의 마음을 간직

했으면 하고 바랐습니다. 마지막으로 탁월한 리더들의 가르침을 끊임없이 배우려 애쓰는 것이 제가 원하는 회사의 모습이라는 말을 로슬린에게 해주었습니다.

두서없이 목소리를 높이다 보니 어느새 디트로이트가 가까워 왔습니다.

로슬린이 물었습니다.

"그래서 도대체 그 모든 걸 어떻게 할 거냐고?"

저는 웃으며 이렇게 대답할 수밖에 없었습니다.

"별 뾰족한 생각은 없어. 하지만 믿어줘… 꼭 방법을 찾아낼 테니까."

네 번째 교훈:

꿈을 나누어라

저는 제가 이루려는 바가 무엇인지 직원들이 어떻게든 알고 있으려니 생각했습니다. 매일매일 제가 강조하는 내용을 주의 깊게 들었다면, 제 머릿속에 든 큰 그림이 어떤 것인지 그들도 당연히 알아채고 있겠지 하고 생각했습니다. 그러나 꿈꾸던 기업 문화를 실현하려고 그토록 애쓰면서도 정작 아무에게도 그 내용을 설명하지 않고 있었습니다. 제가 저지른 첫 번째 실수였지요. 뿐만 아니라, 그런 제 안일한 생각은 상황을 더욱 악화시킨 요인으로 작용했습니다. 기업 문화를 창출하는 일을 마치 저 혼자만의 책임인 것으로 착각한 채 그 짐을 어깨에 짊어진 결과 스스로 역경을 키운 꼴이 되었던 것입니다.

PG의 초창기 5년간은 격동과 흥분이 가득했습니다. 정말 심각한 상황이 닥칠 때도 있었습니다. 회사를 창업하자

마자, 기업 문화는 생존이라는 당면 과제 앞에서 뒷전으로 밀려날 수밖에 없었습니다. 완전히 잊지는 않았지만 창업 과정에 필수적으로 따르는 여러 가지 갈등이 커지면서 집중력이 점점 흐려졌습니다. 생존을 위해 싸우면서 회사를 시작하기 전에 미리 세워둔 원대한 사업 계획을 실행해 나갔습니다. 2007년에 찾아온 대불황의 전조가 무르익을 무렵, 검증되지 않은 이 신생 기업은 점점 더 극심한 도전에 직면했습니다.

결국 경제적인 압박 때문에 공동창업자들과의 사이에 심각한 갈등이 발생했습니다. 결국 2005년에서 2008년 사이에 우리는 파트너십 계약을 해지하게 되었습니다. 이 일로 재정적으로 매우 힘들어졌지만, 그나마 원만하게 진행된 것이 다행이었습니다. 하지만 파트너십이 종결되면서 제가 그토록 혐오하던 주의 분산과 긴장을 비롯한 기만적인 행태들이 슬금슬금 모습을 드러냈습니다. PG가 원래 가졌던 숭고한 계획으로부터 점점 더 멀어지면서 조직의 분위기가 흐트러지기 시작한 것입니다.

　한 가지 좋은 점이 있었다면 회사의 문화를 결정할 유일한 권한이 저에게 넘어온 것이었습니다. 창업기를 거치며 심신이 지치고 흥분감도 점차 가라앉고 있을 때, 숨어 있던 잠재력을 발휘할 흥미진진한 순간이 찾아온 것입니다. 그러나 제가 꿈꾸던 기업 문화(수년 전 디트로이트로 오면서 제가 떠들었던 그런 환경)는 존재하지 않았습니다.

　저는 서서히 우리 회사에도 나름의 문화가 있다는 현실을 깨닫고 실망할 수밖에 없었습니다. 그 문화는 제 의도와는 전혀 다른 것이었습니다. 손에 닥치는 대로 모든 책과 자료를 구해 읽으면서, 제가 회사의 비전을 제공하지 않으면 원래 꿈꾸었던 그 목표에 결코 도달할 수 없다는 점을 확실히 알게 되었습니다. 제가 꿈꾸는 기업 문화를 일구기 위해서는 집중력과 에너지가 필요했는데, 그것을 어떻게 발휘해야 하는지에 대해 전혀 모르고 있었습니다.

　문화란 사람마다 의미하는 바가 다르기 때문에 정의

가 불분명할수록 실행하기 어려워질 수밖에 없습니다. 사실 제가 생각하는 기업 문화는 간단합니다. 사람들이 회사에서 사람들과 교류하면서 느끼는 감정이 바로 문화라고 생각합니다. 예를 들어, 디즈니랜드Disneyland에 가면 어떤 느낌을 받으시나요? 노드스트롬Nordstrom, 미국의 의류전문 유통회사, 백화점으로 유명하다 - 옮긴이의 서비스를 받을 때는 어떤 느낌이 드시나요? 상품은 일련의 표준과 업무방식, 태도 등으로 이뤄낸 결과물입니다. 그러나 문화는 경험되는 것이며 계속 우리를 원점으로 끌어당기는 고리 같은 것입니다. '브랜드'는 그 문화가 얼마나 강력한지를 보여주는 후행지표입니다. 적어도 저는 그렇게 생각하고 있습니다.

성공하는 조직과 팀은 자신들의 문화를 주도면밀하게 가꾸어 나갑니다. 노드스트롬과 디즈니랜드는 고객 서비스에 목숨을 건 조직입니다. 사우스웨스트 항공Southwest Airlines은 지치지 않는 헌신으로 그들의 사업 비결을 증명하고 있습니다. 뉴질랜드 럭비대표팀New Zealand All Blacks과미 해군의 네이비실U.S. Navy SEAL은 끊임없는 개선을 통해 훌륭한 리더를 배출하는 전통을 성공적으로 이어오고 있습니다. 이런 조직들은 문화의 일관성을 해치는 이기심을 용납하지 않습니다. 튼튼하게 이어지는 문화는 상명하복 체계의 강압만으로 절대 만들 수 없습니다. 모든 사람이 하나의 문화에 속해 있기 때문에 모두의 목소리가 담겨 있어야 합니다.

꿈꾸는 문화를 실현하기 위해서는 철저한 결단이 필요하다고 생각합니다. 비전이라고 생각하는 문화를 실행하려면 다음과 같은 핵심 영역에 집중해야 할 필요가 있습니다.

1. **정체성을 확립하라:** 기업 문화의 비전과 목적, 그리고 공동체의 일원이 된다는 것의 의미를 모두에게 알려야 한다.
2. **올바른 행동을 가르쳐라:** 바람직한 행동이 어떤 것인지에 관해 그 문화에 속한 모든 사람에게 귀에 못이 박히도록 말하라. 리더들에게 원칙을 변함없이 고수하도록 격려하라.

3. 공통의 언어로 말하라: 조직 내에서 누구나 알 수 있는 말로 소통하라. 그렇게 해서 앞의 두 가지 사항을 강조하는 메시지를 다듬어라.

문화를 만드는 일은 '내용'보다 '방법'이 더 중요합니다. 건강한 문화를 만들기 위해 회사 내부는 물론, 고객과의 관계에서도 바람직한 행동과 그로 인해 얻는 성과가 무엇인지 안내하는 원칙을 수립해야 합니다. PG는 모든 사람들이 다음 세 가지 원칙을 따르도록 하고 있습니다.

* 내가 받는 것보다 남에게 더 많이 주자.
* 진심을 담아 말하자.
* 익숙한 길을 벗어나자.

그런데 이 세 가지는 규칙이 아니라는 데 그 묘미가 있습니다. 이는 협력과 정직 그리고 혁신이 문화를 뒷받침하고 지탱한다는 우리의 신념을 강화해주는 지침일 뿐입니다. 긍정적인 의미의 경계를 언급하는 것이기 때문에 이는 제한이 아니라 확장을 위한 장치입니다. 리더는 자신의 핵심가치를 실현하는 행동이 어떤 것인지 파악하고 이런 행동을 했을 때 보상할 수 있는 안내 지침을 선택해야 합니다.

리더는 조직 구성원들이 마음껏 일할 수 있는 강하고 튼튼한 문화를 구축해야 합니다. 강력한 문화는 사람들이 서로 강하게 결속할 수 있는지 여부를 결정하는 것입니다. 작은 팀의 팀장이든, 조직 전체를 이끄는 수장이든, 리더는 반드시 자신이 구축하려는 문화에 대한 확고한 비전을 보여줘야 합니다. 그러나 문화를 결정한다(즉 진로를 설정한다)는 말이 조직의 문화를 만들고 유지하는 일을 리더 혼자서 할 수 있다는 뜻은 아닙니다. 리더가 선택한 지침을 조직 내의 모든 사람들이 이해하고 받아들이는 선순환이 일어나야 합니다.

리더라면 누구나 원대한 상상력과 밝은 비전을 품은 기업 문화가 직원들에게 어떤 지침을 제공하고 삶에 어떻게 스며들게 할지 구상할 것입니다. 당신이 리더라면 마음 속에 품은 담대한 꿈을 주변 사람들에게 설명해보시기 바랍니다. 자기 혼자 그 꿈을 완성하려 하지 마십시오. 이야기를 전달하고, 감정을 묘사하며, 경계를 정의하고 고수하십시오. 조직의 구성원도 사람이기 때문에 당신처럼 쉽게 잊어버립니다. 기회가 있을 때마다 정성을 다해 그 꿈을 상기시키고, 당신과 또 다른 사람들에게 그렇게 해달라고 부탁하시기 바랍니다. 이런 노력을 꾸준히 계속하다 보면 상상을 뛰어넘는 수준으로 비전이 실현되는 모습을 볼 수 있을 것입니다.

1. 기업 문화에 대해 어떤 비전을 품고 있으며,
   그 이유는 무엇인가?

2. 사람들은 회사의 기업 문화에 대해
   어떤 감정을 갖고 있는가?

3. 우리 회사의 문화를 강화하는 데 참고로 삼을
   위대한 조직이나 팀이 있는가?

후일담

 그 자동차 여행에서 우리에게 던져진 또 하나의 큰 질문은 이 결정이 우리가 함께 꿈꾸던 미래에 어떤 영향을 미치게 될까라는 의문이었습니다. 여행을 떠나기 두 달 전에 로슬린과 저는 파퓰러스그룹을 세우는 일에 대한 최종 담판을 지었습니다. 빨리 결정을 내려야 했기 때문에 제가 마지막 세부사항을 설명하는 동안 아내는 조용히 듣고만 있었습니다.

 "이 일을 시작하려면 캘리포니아를 떠나서 디트로이트로 이사해야 해."

 잠시 저를 뚫어지게 쳐다보던 아내가 이윽고 입을 열었습니다.

 "여보, 디트로이트는 추운 동네잖아!"

 착한 남편들이 으레 그러듯이 저도 곧바로 만회에 나

섰습니다.

"디트로이트에서 딱 5년만 시간을 주면 꼭 시애틀로 돌아올게."

(사실은 무슨 수로 그렇게 할지 뾰족한 수는 없었습니다. 그저 간절한 의지였을 뿐입니다.)

아내도 제 생각에 동의해 주었습니다. 그리고 우리는 5년 반 만에 시애틀로 다시 돌아왔습니다. 아내도 제가 약속을 지켰다고 인정해줬습니다.

66

리더는 자신의 핵심가치를
실현하는 행동이 어떤 것인지 파악하고
이런 행동을 했을 때 보상할 수 있는
안내 지침을 선택해야 합니다.

99

Part II

받는 것보다
더 많이 주어라

- 자신의 몫을 감당하라
- 항상 배움에 힘써라
- 질문의 수준을 높여라
- 진실에 귀를 기울여라

05

좌천된 후

"바비, 아무래도 자네는 경영진 자질이 부족한것 같군. 유능한 이사의 역할이 뭔지 모르는 것 같아. 그래서 다시 영업직으로 배치할 예정일세."

이런 말까지 듣고 보니 믿을 수 없을 만큼 마음이 아프고 화가 치밀었습니다. 저는 이미 한 대기업의 서부 연안 지역을 총괄하는 지역본부장 자리까지 오른 사람이었습니다. 제 휘하에는 15개 사무소가 있었고 그곳에서 일하는 인원만 500명에 달했습니다. 게다가 저는 그 전까지 2년여에 걸쳐 두 곳의 핵심 시장에서 사무소를 여러 곳 운영하면서 매우 확고한 평판을 쌓아오고 있었습니다.

　새롭게 올라선 자리에서도 충분히 잘 해낼 수 있다는 자신감이 있었는데, 채 1년도 지나지 않아 금융 위기가 찾아오고 말았습니다. 그때 상사가 저를 본사로 소환하더군요. 제 사정은 그나마 나은 편이었습니다. 다른 6개 지역본부장들 역시 목표 실적에 미달하기는 마찬가지였습니다. 그들도 재배치 발령을 받았습니다.

　상사의 말을 다시 떠올리며 반박하려 애를 썼습니다.

　'내가 유능한 이사의 역할이 뭔지 모른다고? 도대체 무슨 말이야, 그게? 승진 전까지만 해도 최고의 명성을 자랑했다고.', '경영진 자질이 부족하다고? 재무 회계 분야의 내 경력을 모른단 말이야? 물론 그러시겠지. 나에 대해 뭐 하나라도 제대로 알 턱이 있나? 직속 부하로 삼고 난 뒤 일 년에 겨우 두 번밖에 안 불렀잖아. 그동안 업무에 대해 털끝만치라도 알려준 적이 있냐고!'

　저는 갖은 이유를 끄집어내며 상사를 비난했습니다.

실망도 실망이었지만, 너무나 화가 나서 그만둘 수도 없었습니다. 제가 왜 그토록 화가 났는지는 알 수 없었지만 회사를 그런 식으로 그만둘 수 없다는 것은 확실했습니다.

좌천되어간 자리에서도 온통 새로 배울 것투성이였습니다. 저는 영업맨으로서는 꽤나 유능한 편이었지만 여전히 기량을 갈고 닦아야 한다는 것도 알고 있었습니다. 새로 모시게 된 상사 역시 그 전 상사와 비슷한 사람이었기 때문에 별로 큰 기대는 하지 않았습니다. 실패를 되풀이하지 않겠다고 결심했으니 스스로 실력을 쌓아가는 수밖에 없었습니다.

지금껏 누구에게도 끈덕지게 도움을 요청한 적이 없었다는 사실을 인정하게 되었습니다. 그런데 저는 그러기는커녕, 새로운 것을 배우기보다는 스트레스 해소용으로 같은 처지에 있는 동료들에게 전화로 하소연하는 정도가 고작이었습니다. 가끔 좀 더 경험 많은 동료들에게 도움의 손길을 내밀어야 할 때도 있었지만 알량한 자존심 탓에 아직 한참이나 더 배워야 한다는 사실을 인정하지 않았습니다.

영업직으로 다시 배치받은 지 몇 달이 지났을 때, 어느 전도유망한 스타트업의 부사장을 알게 되었습니다. 정말 엄청난 평판을 얻고 있던 인물이었습니다. 그녀에 대해 좀 더 알아본 후에 저의 멘토가 되어달라고 부탁하기 위해 연락을 시도했습니다. 전화를 다섯 통이나 하고 메일도 여러 차례 보낸 끝에 드디어 그녀가 아침 미팅을 허락했습니다. 아마 제가 그럴 듯한 인상을 준 모양이었습니다. 내친 김에 후속 미팅 약속도 잡았습니다.

그녀는 제가 이런 종류의 영업직에 전혀 경험이 없다는 사실을 재빨리 알아챘습니다. 첫 미팅이 끝나갈 무렵 제가 품고 있던 두려움이 다시 머릿속을 채웠습니다.

'어쩌면 나는 생각했던 것만큼 유능한 경영자가 아닐지도 몰라'라는 생각 말입니다. 그녀는 저더러 시카고 대학 University of Chicago에서 운영하는 일주일짜리 세일즈 경영학 과정에 등록해보라고 권했습니다.

　상사에게 이를 요청했다가 즉시 거절당했지만 무슨 수를 써서라도 그 강좌를 들어야겠다고 다짐했습니다. 연차를 내고 자비를 들여 강좌가 열리는 주간에 시카고로 날아갔습니다. 일주일 후 돌아오는 길에 멘토를 다시 만났습니다. 그녀는 저에게 강좌에서 배운 내용을 어떻게 실제 업무에 적용할 수 있는지에 대해 알려주었습니다. 그녀의 가르침대로 업무에 적용하는 일은 쉽지 않았습니다. 그러나 그럴수록 저를 도우려는 그녀의 의지가 더욱 확고하게 와닿았습니다. 곧 자신감을 회복했고, 드디어 업무에서 성과가 나타나기 시작했습니다.

다섯 번째 교훈:
자신의 몫을 감당하라

2011년, PG는 한 차례 엄청난 이직 사태를 맞이했고 그 여파는 장장 18개월이나 계속되었습니다. 또 다시 예전처럼 사람들이 떠나갈까 봐 걱정이 되서 견딜 수 없었습니다. 꼭 주말을 앞두고 퇴사자가 나왔기 때문에 금요일에는 출근하기가 싫어질 정도였습니다. 전혀 예상하지 못했던 퇴사 직원이 있었는데, 그와 절친했던 한 동료가 그때 저에게 해주었던 말이 지금도 생생히 기억납니다. 그녀는 정말 솔직하게 저에게 털어놓았습니다.

"사장님, 사장님과 회사가 저에게 베풀어준 모든 것에 정말 감사드려요. 하지만 사장님은 저희 심정을 잘 모르시는 것 같아요. 사장님이 치열하게 사시는 것도, 그 와중에 우리에게 신경써주신다는 것도 잘 압니다. 그렇지만 우리가 이 회사에서 느끼는 건 그저 일이나 잔뜩 하고 실적이나 올리는 게 전부인 것처럼 여겨진다는 거예요."

그녀의 말이 맞았습니다. 물론 가슴 아프고 듣기 싫은 소리였지만 어쨌든 저에게 뭔가 잘못이 있다는 것을 알고 있었습니다. 다시 한 번 모종의 결단을 내려야할 순간이 찾아온 것입니다. 예전에 제가 좌천되던 순간처럼 말입니다. 다른 점이 있다면 이번에는 그만두고 싶어도 제가 공동창업자이니 그럴 수조차 없다는 것이었습니다. 그러나 더 중요한 사실은 힘들었던 좌천의 경험 덕분에 제가 얻은 축복이 있다는 것이었습니다. 저는 그때의 경험으로 조직에서 일어나는 어떠한 문제나 갈등에도 각자의 몫이 있다는 것을 깨달았습니다. 누군가가 전적으로 책임지거나 혼자서 모든 일을 좌지우지할 수 없지만, 우리 모두는 어떤 면이든 어떤 형태로든 문제에 영향을 미치고 있습니다.

리더는 조직 구성원이 어떻게 행동해야 바람직한지에 대한 분위기를 확립하는 사람입니다. 제가 따랐던 리더십 모델은 이미 사회 초년생 시절에 실패를 맛본 것이었습니다. 저는 인내심을 발휘하는 데 서툴렀습니다. 아마도 야망을 품은 많은 사람들이 그럴 것입니다. 그저 다른 야심찬 리더들과 제가 다르다고만 생각했었는데, 그 직원이 해준 말을 곰곰이 되새기다가 예전의 제가 일관성이 부족하고 감정적이며, 공감 능력마저 부족한 사람이었다는 사실을 깨달았습니다. 사람들이 발전을 통해 위대한 일을 성취할 수 있도록 도우려는 제 소망은 진심이었지만, 누군가에게 새로이 책임을 부여할 때마다 저는 그들이 그 일에 몰두하고, 잘 받아들이고, 두려움을 느끼지 않을 것이라고 막연히 생각하고 있었습니다.

예전에 멘토가 가르쳐준 딜레마에 다시 봉착한 꼴이었습니다. 즉 저의 원래 취지와 그것이 실제로 미치는 영향 사이에 갈등이 벌어진 것이었습니다. 직원이 고백한 내용은 저의 의도와는 전혀 다른 결과였습니다. 그러나 그런 일이 벌어진 것은 제 책임이었고(당연히 간부들에게도 그렇게 가르쳤을 테지요), 이는 예전에 제가 그토록 싫어했던 상사들의 모습과 너무나도 닮아 있었습니다. 간부들 역시 예전에 제가 그랬듯이 죽이 되든 밥이 되든 각자 알아서 헤쳐 나가야만 했고, 그런 분위기가 조직 전체에 퍼져 있었습니다.

저는 이런 상황을 바꿔야겠다고 굳게 결심하고 행동에 나섰습니다. 먼저 가장 최근에 승진시킨 직원 열 명 정도를 추렸습니다. 그리고 다음과 같은 간단한 질문을 스스로에게 던졌습니다.

* 새로운 리더의 성공을 위해 어떤 계획을 세웠는가?
* 그들이 리더십의 여정을 시작할 수 있도록 우리가 해준 일은 무엇인가?
* 각 부서의 변화 과정을 어떻게 관리해왔는가?

이렇게 실질적인 질문을 던져 보니 필요한 것이 무엇인지 모두 깨달을 수 있었습니다. 즉 사람들에게 어떤 지침을 제공해야 하는지 뚜렷한 그림을 그릴 수 있었습니다. 그동안 간부들은 과업을 완수하려고 필사적으로 애를 썼습니다. 하지만 저는 직원들에게 구명조끼도 주지 않고 배 밖으로 내몬 것이나 마찬가지였습니다. 제가 그들에게 해준 말이라곤 고작 "자, 새 직함과 막중한 책임이 여기 있네. 알아서 잘 해나가게!"라는 게 전부였던 셈입니다. 그 결과 너무도 많은 시행착오를 저질렀고, 부서 간 의사소통은 부족했으며, 간부들은 부하들의 발전에 전혀 신경 쓰지 않았습니다. 고객들 역시 우리가 저지른 실수에 크게 실망했고, 우리가 그토록 열심히 매달렸던 신뢰 형성에도 악영향을 미쳤습니다.

제가 할 수 있는 일이라고는 참고 견디는 것뿐이었습니다. 물론 그것만 해도 저로서는 획기적인 일이었지만 말입니다. 직원들 중에는 진지한 태도를 지녔지만 자신이 맡게 된 새로운 리더십을 낯설어하는 사람들도 많았습니다. 물론 하룻밤 사이에 모든 것을 바꿀 수는 없습니다. 속도

조절이 필요했고 구체적인 행동 방법을 분명히 알려줄 필요도 있었습니다. 그러려면 말만 할 것이 아니라 제가 직접 행동으로 보여줘야 했습니다.

간부들과 함께 지내면서 그들을 진정으로 알아가기 시작했습니다. 우리가 팀에 어떤 영향을 주어야 하는지 모두에게 분명하게 이해시켰습니다. 성의를 다해 사람들을 대하고 돕는 것이 이전에 제가 요구했던 무지막지한 방식보다 목표를 달성하는 더 나은 방법이라는 사실을 알렸습니다. 비록 부족하지만 몸소 보여주려 열심히 노력했습니다. 서로 상충되는 것처럼 보이는 두 가지 목표를 실제로 달성할 수 있다는 것을 증명하고자 했습니다. 즉 배려와 공감의 경영 전략은 우리 모두에게 도움을 주는 동시에, 사업을 성장시킬 수 있다는 사실에 대해서 말입니다.

시간이 지나면서 리더십 향상에 필요한 훈련이나 전문 역량 교육을 생략하거나 간소화했습니다. 물론 전문 역량의 중요성을 부인하지는 않지만, 당장은 공감과 관용이 더 중요했습니다. 공감과 관용이 최우선이며 전문성은 그 다음이라는 점을 간부들에게 분명히 인지시켰습니다. 리더라면 누구나 이런 태도를 확고히 하고, 조직 내 다른 간부들에게도 몸소 실천해야 합니다. 또 사람들의 개인적인 소망에 관심을 기울여, 그것을 달성하려는 계획을 세우는 데 도움을 제공해야 합니다. 그러기 위해서는 모든 사람들과 소통하는 법을 배우고, 힘으로 짓누르는 대신 그들의 잠재력을 이끌어내야 합니다. 그들이 자신이 생각하는 것보다 훨씬 더 큰일을 할 수 있음을 깨닫게 해줘야 합니다. 있는 그대로의 진실을 말하면서도 제가 그들을 얼마나 믿고 있는지 말해줘야 합니다.

마지막으로 사람들이 길을 잃고 방황할 때도 모든 과정마다 격려와 찬사를 아끼지 않는 것이 가장 중요하다는 사실을 잊지 마십시오. 리더는 직원의 안전에 신경 쓰고 있다는 것을 항상 느끼게 해줘야 합니다. 가장 좋은 방법은 그들이 올바른 행동을 했을 때 이를 놓치지 않고 끊임없이 상기시키는 것입니다. 상사의 인정은 용기와 확신을 심어줍니다. 제 경험으로도 이를 증명할 수 있습니다. 패트릭 렌시오니Patrick Lencioni, 미국 작가, 경영학, 특히 조직관리 분야 전문가 - 옮긴이가 했던 "가르치기보다는 이미 아는 것을 상기시키는 편이 더 낫다"는 말을 잊지 말아야 합니다. 리더들의 실수는 사람들의 장점보다 단점에 더 집중하는 데서 나옵니다.

마침내 저는 사고방식을 바꾸었습니다. 그 옛날 좌천되었을 때처럼 제 책임을 인정하고 제가 해야 할 몫을 감당하기로 작정했습니다. 그렇게 마음먹고 보니, 인격적인 리더십이란 사람들에게 많은 것을 바라기보다는 그들에게 더 많이 베풀려는 마음가짐이라는 사실을 배우게 됐습니다.

그때부터 관용과 공감은 PG의 일하는 방식이 되었습니다. 그것은 위대한 리더를 양성하고 기업의 체질을 강화하기 위한, 우리가 아는 최고의 방법이었습니다.

1. 직원들이 바라는 것보다 더 많이 주려고
    애쓴다는 것을 어떻게 보여줄까?

2. 우리 회사의 간부들은 내가 그들에게 기대하는
    사고방식이 어떤 것인지 알고 있는가?

3. 이런 나의 바람을 어떻게 조직 문화 속에
    심고 있는가?

후일담

    시카고 대학 강좌를 듣고 몇 달이 지난 후, 저는 부족한 면을 메우기 위해 애를 쓰며 잘 해나가고 있었습니다. 그런데 회사에 큰 변화가 일어나더니, 제가 모시던 상사가 퇴사하게 되었습니다. 후임자는 제가 힘들어할 때 저에게 도움을 주었던 사람이었습니다. 업무능력을 향상하기 위해 노력을 기울이는 제 모습을 눈여겨보았던 그는 어느 날 저에게 이런 말을 건넸습니다.

    "자네가 전임 대표를 설득해서 시카고 대학 세일즈 강좌 참석 허락을 받아냈다는 말에 놀랐네."

    제가 대답했습니다. "아닙니다. 대표님이 허락하신 게 아니라 제가 자비로 갔습니다."

    그는 말을 멈추고 잠시 생각에 잠겼습니다. 그리고 제가 거기서 배운 내용에 관해 서로 대화를 나누었습니다. 다시 그때로 되돌아가더라도 강좌를 승낙할 사람은 아무도 없었을 거라는 점은 우리 모두 알고 있었습니다. 당시만 해도 저는 그런 요청을 할 처지가 못 되었습니다. 대화가 끝나갈 즈음, 상사는 깜짝 놀랄만한 말을 꺼냈습니다. 그 강좌 비용을 보전해주겠다고 약속했던 것입니다.

다시 3개월이 지났고, 저는 제게 주어진 영업 업무를 훌륭하게 해냈습니다. 상사는 제가 보여준 성과와 끈기를 인정했고, 마침내 저를 지역본부장으로 복귀시켰습니다. 이번에는 훨씬 더 나은 리더가 되어 돌아온 것이었습니다.

66

리더들의 실수는
사람들의 장점보다 단점에
더 집중하는 데서 옵니다.

99

06

닥터 조

닥터 조Dr. Joe는 시칠리아 출신의 거친 성품을 지닌 산업심리학자로, 허튼소리를 할 사람은 아니었습니다. 저는 20대 후반에 그를 만났습니다. 성장하는 회사에서 저 역시 맹렬한 속도로 승진 가도를 달리던 시기였습니다. 회사의 성장세와 빠른 승진이 맞물린 탓에, 미처 준비되기도 전에 너무 많은 책임과 직원들을 떠맡았던 셈입니다.

닥터 조는 회사의 리더십 체계 개선을 위해 컨설팅 계약을 맺고 일하던 중이었습니다. 제가 심층 행동 진단을 받은 것은 그때가 처음이었습니다. 사실 저는 이런 테스트에 대해 회의적인 시각을 가지고 있었습니다. 제가 어떤 사람인지, 저의 업무방식이 어떤지를 한 번의 테스트로 알 수 있다는 방식이 영 미덥지 않았던 것입니다.

몇 주 후, 저와 마주앉아 조사 결과를 살펴보던 닥터 조의 태도는 간단명료하고도 무서우리만치 정확했습니다.

"귀하의 성향은 이렇습니다. 좌절했을 때는 이렇게 행동합니다. 진단 결과를 보면 이런 상황에서는 이런 식의 특정한 반응을 보입니다."

그의 말은 모두 맞는 말이었습니다. 물론 안 좋은 쪽으로 말입니다. 듣고 있자니 쓴 약을 먹는 것처럼 싫은 기분이 들었습니다.

그는 이렇게 결론을 내렸습니다.

"바비, 당신은 주의력이 쉽게 흐트러지고, 일관된 기강을 확립하지도 못했어요. 만약 변화하지 않으면 당신의 경력은 한계에 부닥치게 될 겁니다. 사실 머지않아 그럴 가능성이 높은 상태예요."

저는 완전히 발가벗겨진 기분이 들었습니다. 그렇지만 그가 해준 말은 당시 저에게 꼭 필요한 내용이었습니다. 저에게 그런 기분을 안겨준 사람은 아버지를 제외하면 오직 닥터 조뿐이었습니다. 그를 믿어봐야겠다는 생각이 들었습니다. 무엇보다 그를 실망시키고 싶지 않았습니다.

그는 저에게 과제를 제시했습니다.

"이 책을 다 읽고 저한테 연락하세요. 당신이 배운 내용을 놓고 다시 이야기하도록 하지요."

그것은 제 자신에게 책임을 질 용기가 있음을 닥터 조에게 보여줄 수 있는 이중의 모험이었습니다. 저는 책을 다 읽고 핵심 요점을 정리했습니다. 그를 제 편으로 만들 자신이 있다고 생각하며 의기양양하게 다음 약속을 잡았습니다.

"바비, 배운 내용을 어떻게 적용했는지 구체적으로 한 가지만 예를 들어보시겠어요?"

저는 아무 말도 할 수 없었습니다. 당황한 채 머리를 쥐

어짜보았지만, 실제로 제가 뭘 바꿨는지에 대해서는 전혀 생각나는 게 없었습니다.

"바비, 리더로서 어떤 행동이 바뀌었는지 말씀해보세요."

역시 할 말이 전혀 없었습니다.

"현명한 리더가 되고 싶다면 배운 내용을 치열하게 적용해야 합니다. 또 누구를 모범으로 삼아 공부하고 배울 것인지 심사숙고해서 선택해야 하고요."

그날 저는 '적용'이란 단어를 스무 번은 넘게 들은 것 같습니다. 그 시칠리아 어르신이 무슨 말씀을 하시든 전부 다 소화해 대답할 수 있다는 것을 꼭 보여주리라 결심하면서 그 자리를 떴습니다.

그는 책을 다시 읽어보라고 하면서, 그중에서 리더십 측면에서 제가 가진 강점과 일치하는 내용에 밑줄을 쳐보라고 했습니다. 그런 다음, 그 옆에 제 행동을 구체적으로 어떻게 바꾸고, 교훈을 어떻게 적용할 것인지 적어보라고 조언했습니다. 마지막으로 그는 이렇게 당부했습니다.

"앞으로 한 달 동안 평소 안 쓰던 손으로 양치질을 해보세요. 불편함을 직접 느끼면서 배우는 게 있을 겁니다. 다르게 생각하는 법을 배우는 거죠."

저는 마지못해 그렇게 했습니다. 거울 속 제 모습이 썩 보기 좋은 광경은 아니더군요.

다음번에 그를 만났을 때는 서투르게나마 책에서 배운 내용을 실천하는 중이었습니다. 그중에는 일주일에 한 번 진심으로 감사 노트 쓰기, 저와 의견이 다른 사람들에게 의견을 묻기 등이 있었습니다. 과제 내용은 단순했지만 행동을 바꾸는 것이 얼마나 어색하고 힘든 것인지 알 수 있었습니다.

여섯 번째 교훈:
항상 배움에 힘써라

    PG를 창업한 지 3년째, 저는 완전히 코너에 몰려 있었습니다. 1원을 벌 때마다 2원씩 밑지는 형국인 데다가 초창기 고객사 중 3군데가 일찌감치 법정 관리를 신청했습니다. 갈수록 수렁에 빠져들었고, 반전의 계기는 도무지 보이지 않았습니다. 제 힘으로는 도저히 어쩔 수 없다는 생각이 점점 굳어져가고 있었습니다.

    벌써 9년째 닥터 조와 함께 일해오고 있었지만, 제가 본궤도로 다시 올라서는 데 도움을 줄 수 있는 또 다른 멘토를 막 만난 참이었습니다. 사실 별로 참석하고 싶지 않았던 어떤 인맥 모임에서 빌Bill을 만났습니다. 처음에 그는 저를 위해 시간 내는 것을 꺼렸지만, 마침내 그의 허락을 받아내는 데 성공했습니다. 빌은 은퇴한 백발의 CEO에 어울리는, 딱 그런 외모였습니다. 그는 "시간 낭비를 한 것 같은 기분이 안 들었으면 좋겠네요"라는 말부터 먼저 꺼냈습니다. 절대로 그렇지 않을 것이라고 약속했고, 또 제 말이 맞기를 간절히 바랐습니다.

첫 조찬 미팅을 하던 자리에서 빌은 아주 혼란스럽고 뼈아픈 질문들을 던져댔습니다. 닥터 조가 그랬듯이 말이죠.

"회의 시간에는 어떻게 행동하세요?"

"당신의 가치관을 말해보세요."

"돈 버는 것 말고 이 회사를 창업한 이유가 뭡니까?"

정말 머리가 어질어질했습니다. 이런 질문에는 도무지 어떻게 답해야 할지 몰랐거든요. 더듬거리며 대답하는 와중에도 그의 눈빛이 반짝였던 유일한 순간은 기업 문화를 구축하고자 하는 저의 비전에 관해 설명할 때였습니다. 빌이 마침내 PG에서 우리가 한 일이 무엇인지 묻기 시작했습니다. 대화의 주제가 제가 잘 아는 이야기로 넘어오니 훨씬 편해졌지만, 빌의 입장에서는 반시간이나 이어지는 저의 횡설수설이 적잖이 지루했을 겁니다. 그가 관심을 보이지 않는다는 것을 알아챘지만, 저는 제가 똑똑하다는 것을 보여주려 애쓰며 이야기를 계속 이어갔습니다.

저의 장광설이 끝난 후 빌은 진단을 내놓았습니다. 처음 닥터 조를 만났던 순간이 떠올랐습니다. 그는 나에게 잠재력은 있으나 과연 회사를 건전하게 운영하기에 적합한 사고방식을 갖춘 사람인지 잘 모르겠다고 말했습니다. 그의 말을 듣는 순간 눈앞이 캄캄해지는 것 같았습니다. 하루빨리 뭔가 조치를 취하지 않으면 PG는 끝장난다는 말처럼 들렸습니다. 웬일인지 '건전하게'라는 말이 귓가를 계속 맴돌며 떠나지 않았습니다.

제가 그에게 말한 모든 내용을 단순화할 필요가 있다면서, 그러지 않으면 저는 고작해야 평범한 리더에 그치고 말 것이라고도 했습니다. (저는 속으로 "도대체 무슨 수로 그렇게 한단 말이야?"라고 생각했습니다.) 빌은 자신이 추천하는 책을 다 읽고 한 달 후에 다시 만나자고 했습니다.

저는 주저 없이 동의했습니다. 패트릭 렌시오니의 《탁월한 CEO가 되기 위한 4가지 원칙The Four Obsessions of an Extraordinary Executive》이라는 책이었습니다. 조직이 사내 정치와 내분으로 산산이 흩어지지 않도록 이를 통합하고 건전하게 만드는 일이 리더의 가장 중요한 역할이라는 내용을 담고 있었습니다. 이 책은 많은 사람들이 간과하는 이 요소가 어떻게 성공을 지속하는 핵심 요인이 되는지를 설명해주었습니다. 한번 책을 집어 들자, 다 읽을 때까지 절대 내려놓을 수 없을 정도로 흡인력 있는 책이었습니다.

저는 닥터 조가 가르쳐준 대로 따라 했습니다. 처음부터 끝까지 다 읽고 내용을 모두 소화했지요. 그런 다음 닥터 조의 음성을 뇌리에 떠올리며 책을 다시 읽은 다음 스스로에게 이렇게 자문했습니다.

"내 행동을 어떻게 바꿀 것인가?"

다음으로 책에서 배운 점과 저의 강점이 일치하는 부분에 밑줄을 긋고 그 옆에 적용할 사항을 기록했습니다.

많은 리더들이 놓치는 부분이 바로 이 대목이라고 생각합니다. 사람들은 책만 읽으면 어쨌든 조금이나마 더 나은 리더가 되겠거니 하고 생각하지만, 실상은 전혀 그렇지 않습니다. 배운 것을 실제로 적용하기 전에는 개선을 향해 한 발짝도 움직이지 않습니다.

나는 우리가 약속했던 날짜보다 좀 더 일찍 만나자고 졸랐습니다. 마주 앉은 자리에서, 책을 읽고 변해야겠다고 마음먹은 내용들을 죽 열거했습니다. 그랬더니 그는 똑같은 교훈을 자신이 적용하면서 배웠던 내용이라면서 저에게 몇 가지 지침을 알려주었습니다. 처음으로 서로 간에 유대감이 형성되는 것이 느껴졌습니다. 닥터 조의 가르침을 그동안 얼마나 잊고 있었는지 다시 한 번 뼈저리게 느꼈습니다. 애초에 제가 회사를 세울 기회를 얻을 수 있었던 비결을 까맣게 잊고 있었던 것입니다.

PG를 설립할 때, 저는 새롭게 닥쳐오는 혼란스러운 상황에 정신이 없었습니다. 하루 24시간이 모자랄 정도로 해결할 문제가 넘쳐났습니다. 그저 살아남는 것만으로도 벅 찼던 초창기에는 뭔가를 진지하게 배운다는 것이 엄두도 못 낼 사치로만 여겨졌습니다.

예민한 직감과 끈기만 있다면 성공하는 리더가 될 수 있다고 생각한 것이 제 실수였습니다. 회사에 제일 일찍 출근하고 맨 나중에 퇴근하면서 업무량과 카리스마로 사람들을 이끌면 성공할 수 있다고 생각했습니다. 직업 윤리도 중요하고 시간 투자도 반드시 필요하지만, 신뢰받는 리더가 되기 위해서는 그 이상의 뭔가가 필요했습니다.

이론적으로는 나무랄 데가 없었지만 저는 여느 사람들과 다를 바 없이 근근이 버텨내는 수준에 불과했습니다. 재치 있는 말로 대화를 살릴 줄도, 나머지는 대충 둘러댈 줄도 알았습니다. 말은 그럴 듯했지만 그렇게 해서는 오래가지 못한다는 것도 알았습니다. 그랬던 제가 닥터 조를 만나면서 정신이 번쩍 들었습니다.

리더의 역할은 모든 문제에 대한 해답을 아는 것도, 전문가가 되는 것도 아닙니다. 그보다는 자신의 강점을 명확히 알고 그것을 철저히 일관되게 갈고 닦는 것이 리더가 해야 할 일입니다. 대부분의 사람들이 이 사실을 알고 있으나 여기에 전력을 기울이지는 않습니다. 자신의 강점을 살리다 보면 약점도 드러나게 마련입니다. 그래서 주변 사람들의 강점으로 그것을 보완할 수 있게 팀을 꾸려야 합니다. 강점이 중복되는 사람들만 모여서는 안 됩니다.

빌은 리더의 강점과 통찰력을 발전시킬 유일한 방법을 가르쳐줬습니다. 새로운 배울 거리와 저를 가르쳐줄 새로운 사람들이 주변에 있는지 꾸준히 살피라는 것이었습니다. 리더는 다른 훌륭한 스승을 찾아 나섬으로써 자신의 다짐을 늘 갱신해야 합니다. 빌이 저에게 패트릭 렌시오니의 책을 읽어보라고 권했듯이 말이죠.

저는 닥터 조와 인연을 맺게 된 것을 매우 감사히 여기고 있습니다. 또한 배움의 길에 진지하게 몰두해야 한다고 채찍질해준 빌에게도 감사드립니다. 무엇보다 제가 해왔던 일관성 없는 방식이 전혀 통하지 않는다는 것을 깨닫게 되어서 너무나 감사할 따름입니다. 무한한 잠재력을 지니고 훌륭한 뜻을 품은 채 출발한 리더들이 저와 똑같은 실수를 저지르는 모습을 많이 지켜봤습니다. 그들은 책으로 읽고 배운 내용이 중요하다고 생각하지만, 그렇지 않습니다. 진정한 변화는 배운 것을 적용하는 데서 나오는 것이기 때문입니다.

저는 2005년부터 경영학 분야의 위대한 사상가들의 가르침을 서투르게나마 경영에 적용해왔습니다. 그러는 동안 저에게 꼭 필요한 내용을 익혔고 저만의 리더십 스타일을 발전시킬 수 있었습니다. 그 위대한 리더들 덕분에 이 모든 것들을 배웠습니다. 그러나 저는 아직도 부족하다고 생각하며 여전히 새로운 스승을 찾아나서는 일에 굶주리고 있습니다.

1.　　행동의 변화를 위해 배운 내용을 철저하게
　　　적용하고 있는지 살펴보자.

2.　　배운 내용을 나의 강점에 어떻게 적용할 것인가?

3.　　내가 배우고자 하는 분야에서
　　　최고의 스승은 누구인가?

후일담

닥터 조가 건네주었던 책은 제가 리더의 면모를 갖출 수 있게 해준 다른 여러 책들과 함께 제 책상 위에서 '바이블의 서가'를 이루고 있습니다. 존 맥스웰의 책 중에서는 《리더십 불변의 법칙The 21 Irrefutable Laws of Leadership》을 가장 먼저 읽었습니다. 그리고 오랫동안 그의 가르침을 적용하기 위해 열심히 노력했습니다. 저는 지금도 바이블의 서가에서 매달 한 권씩 고른 뒤 지금까지 지침이 되어준 요점을 다시 살펴보면서 그 교훈을 얼마나 잘 적용하고 있는지 점검하고 있습니다. 그리고 가끔씩 왼손으로 양치질을 하면서, 진지한 학생이 되려면 불편함에 익숙해져야 한다는 교훈을 떠올리곤 합니다.

어떤 저자나 전문가가 믿을 만한지 모르겠다면, 멘토나 경륜 있는 리더를 찾아가서 읽을 만한 저자의 책을 추천해

달라고 부탁해보세요. 참고로 이 책의 말미에 제 서재에
있는 바이블의 서가 목록을 실어두었으니 참고하시기 바
랍니다.

66

리더는 다른 훌륭한 스승을
찾아 나섬으로써 자신의 다짐을
늘 갱신해야 합니다.

99

07

T 차트

맏아들 샌티노Santino가 네 살이 되면서부터 쉽사리 좌절에 빠지고 짜증이 부쩍 심해지는 것이 눈에 띄었습니다. 우리 부부는 애들이 늘 이런저런 문제를 겪으면서 큰다는 것을 알고 있었지만, 이번에는 뭔가 이상했습니다. 샌티노는 피가 날 때까지 손톱을 물어뜯고는 했거든요. 아이의 행동이 반복되자 걱정이 점점 커졌습니다.

샌티노는 태어날 때부터 비정상적일 정도로 무서움을 모르고 자랐습니다. 부전자전이라고 할까요. 제가 어린 시절 무슨 문제를 일으킬 때마다(늘 있는 일이었습니다) 아버지는 이렇게 말씀하시곤 했지요.

"이요 에레스, 파파 세라스!Hijo eres, Papa serás!"

말하자면 "누가 아버지 아들 아니랄까봐 그러니"라는 정도의 뜻입니다. 제가 어릴 때 저질렀던 모든 악동 짓을 샌티노 혼자서 그대로 저에게 되갚아주고 있는 셈이었습니다. 에너지 넘치는 이 개구쟁이 녀석이 자신의 행동과 씨름하는 모습을 어떻게 감당해야 할지 아무런 대책도 세우지 않은 채 지켜보는 게 너무도 힘들었습니다.

소아과에 가서 우리 사정을 설명했더니 의사 선생님이 아동 심리학자 한 분을 소개해주셨습니다. 심리학자와의 첫 만남에서 우리는 샌티노가 발달장애를 앓고 있으며, 그 때문에 좌절에 대처하는 능력이 심하게 떨어져 있다는 사실을 알게 되었습니다. 아이가 견디기에는 너무 힘든 스트레스를 안고 있었던 것입니다.

아이가 그 상황을 잘 다스리는 데 도움을 줄 방편으로, 심리학자는 우리에게 한 가지 과제를 내주었습니다. 먼저 종이 한 장을 펴놓고 위에서부터 큼직하게 T자로 선을 그으라고 했습니다. 그리고 왼쪽에는 "해", 오른쪽에는 "하지 마"라고 쓴 다음, 우리가 아이에게 무슨 말을 할 때마다 어느 쪽에 해당하는지 표시하라고 했습니다. 그리고 심리학자는 우리 부부가 아들에게 어떤 종류의 지시를 하는지 살펴보라고 했습니다. "하지 마"는 아이에게 어떤 행동을 하지 마라고 할 때 하는 지시입니다. 예를 들어 "책상 앞에서 의자에 올라서지 마라" 같은 지시입니다. "해"는 아이에게 어떤 것을 해도 좋다고 말할 때를 가리킵니다. 즉 "얘야 의자에 앉아야지"라는 지시입니다. 과제 내용은 다 알아들었지만, 솔직히 이런 정도 과제를 한다고 해서 얼마나 효과가 있을지 마음에 크게 와닿지는 않았습니다.

다음날부터 우리는 아이에게 하는 말을 하나하나 확인하기 시작했습니다. 그러자 제가 하는 말의 대부분이 "하지 마"에 해당한다는 것을 깨달았습니다. 종이 오른쪽 칸에 표시가 쌓여갔지요.

"옷에 손 닦지 마라."

"엄마하고 아빠 말할 때 끼어들면 안 돼."

둘째 날이 되자, 저는 거의 포기 상태가 되어 그저 울고 싶다는 생각밖에 안 들었습니다. 좌절감에 완전히 짓눌린 아이에게 우리는 이것도 하지 마, 저것도 안 돼 하면서 더욱 더 다그치기만 할 뿐이었습니다.

어떤 점이 변해야 하는지는 알고 있었지만, 좀 더 사려 깊게 샌티노와 소통하기가 얼마나 어려운 일인지 금세 알 수 있었습니다. "하지 마"라는 말을 "해"라는 표현으로 바꾸려고 무척이나 애를 썼습니다.

"손 씻을 때는 냅킨을 써야지."

"엄마 아빠 이야기가 끝날 때까지 기다렸다가 궁금한 걸 물으렴."

안전과 관련이 있는 일에만 "하지 마" 표현을 썼습니다.

3주 후, 샌티노의 행동이 달라지는 것이 보였습니다. 우리가 알던 원래 모습대로 아이의 행동이 바뀌기 시작했습니다. 스트레스도 훨씬 덜 받았고, 손톱 물어뜯는 버릇도 사라졌습니다. 심지어 우리가 예전의 나쁜 습관대로 행동하기 시작하면 샌티노의 행동도 마찬가지로 악화되는 것을 볼 수 있었습니다. 우리의 잘못된 의사소통이 어떤 결과를 낳는지 곧바로 확인할 수 있는 사례였던 것입니다.

질문의 수준을 높여라

집에서 샌티노에게 하는 말을 고치려 애쓰는 동안, 제가 회사에서는 어떻게 말하고 있는지 살펴봐야겠다는 생각이 들었습니다. 우선 팀원들을 한 사람씩 만나 대화하면서 업무에 관해 저하고 이야기할 때 어떤 기분이 드는지 물어봤습니다. 한 간부는 저와 대화할 때면 '심문'을 받는 것 같다고 말했습니다. 제가 질문할 때마다 마치 '토끼몰이를 하듯 자신을 몰아세운다'는 것이었습니다. 제가 자신들의 의사결정을 신뢰하지 못하는 것 같다고 말하는 간부도 있었습니다. 또 어떤 사람은 저와 전화 통화를 하고 나면 자신이 하는 일이 모두 잘못된 것 같은 기분이 든다고 말했습니다. 저를 믿고 솔직히 말해준 그들이 정말 고마웠습니다.

저는 마음이 아팠고, 걱정도 됐습니다. 직원들은 모두

훌륭했고, 저는 그들을 믿었습니다. 시시콜콜한 일까지 모두 간섭하려는 생각은 추호도 없었습니다. 오히려 제가 너무 수수방관하고 있지는 않나 하는 생각이 들 때가 있을 정도였습니다. 그러나 직접 확인해본 결과 사실 저는 사람들이 잘 알아채지 못하는 교묘한 방식으로 그들을 점검하고 있었던 것입니다.

　사람들을 격려하면서도 우리 모두가 원하는 자율성을 그들에게 주고 싶었습니다. 대화를 통해 그들이 권한을 가지고 있다고 느끼기를 원했지, 결코 의기소침하기를 바라지 않았습니다. 그런데 정작 제 입에서 나오는 질문과 어조에서 직원들의 의사결정을 믿지 못하는 마음이 전해졌다면, 저의 바람과는 반대로 그들의 사기를 꺾고 있었던 셈입니다. 제 의사소통 방식이 사람들을 의기소침하게 만든다는 것을 알고 깊은 고민에 빠졌습니다. 제 뜻은 긍정적인 영향을 전해주려는 것이었으나 정작 저의 행동은 정반대의 결과를 낳고 있었습니다.

리더들이 질문을 던질 때 거기에는 두 가지 측면이 있습니다. 그 하나는 '무엇', 즉 말하는 내용에 관한 것입니다. 반면 말하지 않는 내용이 있는데, 그것은 바로 '왜'라는 측면으로 질문하는 이유를 말합니다. 사실 '내용'은 별로 중요한 것이 아닙니다. 오히려 '이유'에 관심을 기울여야 합니다. 그것이 의심이든, 통찰이든, 도와달라는 요청이든 질문을 하게 된 배경에는 이유가 존재합니다. 그런데 대부분의 리더들이 질문은 많이 하면서, 그 질문을 하게 된 이유를 상대방이 이해하기 위한 추가 질문을 던질 생각은 하지 못합니다. 리더는 그 '이유'를 질문할 수 있어야 합니다.

사람들은 마음속에 간직한 문제가 뭔지 말하지 않습니다. 진짜 '이유'를 숨기는 것이죠. 업무 관계에서 이런 태도를 보이는 이유는 대개 사람들마다 상황을 보는 시각과 이해관계가 다르거나, 필요한 정보를 놓치고서도 그 지식 격차를 드러내고 싶지 않기 때문인 경우가 많습니다. 자신의 처지가 불리하게 될까 봐 두려운 것입니다. 대화에 숨겨진 복잡한 사정을 이해하지 않는다면 상대방의 혼란과 좌절을 알아채지 못해 실질적인 해결책을 향해 나아갈 수 없습니다.

많은 리더들은 본능에 따라서든 학습을 통해서든 질문은 많이 대답은 적게 하는 것이 최선의 방책이라는 사실을 알고 있습니다. 그러나 질문을 던지는 방식에 따라 오히려 역효과가 날 수도 있다는 사실을 잊어서는 안 됩니다. 질문을 받는 상대방으로서는 뭔가 잘못을 지적당한 것 같은 기분이 들 수도 있기 때문입니다. 그러면 결국 그들을 바람직한 방향으로 안내할 수 없습니다. 이런 상황이 계속되는 한 자신이 격려를 받는다거나 자율권을 누리고 있다고 느낄 사람은 아무도 없을 것입니다.

이제부터는 팀원들과 대화할 때 그들이 다르게 느끼도록 해주어야겠다고 생각했습니다. 그것은 리더로서 제가 반드시 해야 할 일이었습니다.

그래서 샌티노에 관해 제가 경험했던 이야기를 하기로

마음먹었습니다. 아버지로서 매우 힘들게 얻은 교훈이었기 때문에 그것은 고통스러운 일이었습니다. 화상회의로 연결된 스무 명의 간부들에게 이 이야기를 하고 난 뒤 그들은 긴 침묵에 빠졌습니다. 어색함이나 불편함보다는 공감과 이해의 감정이 전해져 왔습니다. 우리가 대화할 때마다 그들에게 격려와 에너지를 전해주려 했던 제 마음이 마침내 우리 팀 모두에게 전달되었습니다.

사무실 복도나 회의실에서 대화를 나눌 때 사람들이 받는 인상과 영향에 변화를 불러오기 위해 익혀야 할 훈련 기법이 몇 가지 있습니다. 질문을 명확하게 이해시키려면 그것을 다른 말로 표현한 다음 그렇게 말한 '이유'를 덧붙여주면 됩니다.

"제가 듣기로는 당신이 한 질문과 그 이유는 이러이러한 것이군요."

처음부터 솔직한 태도를 보이고 어떤 질문에 대해서든 가장 중요한 핵심에 집중해야 합니다. '이유'를 더 깊이 파악하는 또 다른 방법은 자신이 하는 말의 어조에 주의하면서 상대방에게 자세히 설명해달라고 부탁하는 것입니다.

"당신이 보는 관점을 좀 더 자세히 설명해주시겠어요?"

대화의 목적은 어디까지나 협력의 분위기를 형성하여 사람들이 앞으로 나아가도록 하는 것이지, 그들의 발전을 가로막거나 좌절에 빠뜨리는 것이 아니라는 점을 명심해야 합니다.

자신도 모르게 나쁜 습관이 배어 있는 경우 특히 비언어적 표현에서 변화를 실천해야 합니다. 때로는 침묵도 많은 의미를 전달할 수 있습니다. 비명을 지르는 듯한 몸짓은 그 자체로 "당신 지금 날 놀리는 거야?"라는 뜻이 되기 때문에, 아무리 선한 의도를 가졌더라도 상대방의 지지를 얻기가 애초에 불가능한 법입니다. 의사소통의 90퍼센트는 비언어적 표현으로 이루어집니다. 그러니 이를 바꾸는 것은 원래 가장 어려운 일입니다. 그러나 이 문제를 해결하지 않으면 상대방에게 혼란이 가중되어 앞의 두 기법을 실천한다 한들 아무런 소용이 없을 것입니다.

　이 교훈을 실천할 때 얻는 중요한 이점은 상대방으로 하여금 자신이 잘하는 것이 무엇인지 깨닫게 해준다는 점입니다. 대화를 할 때마다 상대방을 격려한다면, 그는 자연스럽게 제가 원하는 긍정적인 행동을 강화하게 될 것입니다. '이유'를 파악하고 "해"라는 메시지를 보내는 행동은 격려와 인정이 따르기 때문에 모든 사람들의 정당한 욕구인 인정과 가치를 충족시키는 데 큰 도움이 됩니다. 사람들의 행복과 몰입에 이보다 더 큰 영향을 미치는 것은 없습니다. 더구나 이런 행동을 하는 데는 한푼도 들지 않습니다!

　우리가 존중하는 사람들의 눈빛에 좌절이 엿보일 때가 오히려 기회입니다. 리더는 그들에게 방향을 제시할 때마다 확신도 함께 선사하는 역할을 해야 합니다. 제가 직원들의 논리를 존중한다는 것을 그들도 느껴야하며, 그러기 위해서 반드시 '이유'를 물어야 합니다. 자신이 하는 바디랭

귀지의 강력하고 무의식적인 효과를 늘 주의 깊게 살피세요. 상대방이 자신의 일을 완수할 수 있다는 확신을 얻을 때까지 대화를 끝내지 마세요. 그러면 상대방을 격려하는 만큼 저 역시 대화를 통해 격려를 얻을 수 있습니다. 긍정적인 일에는 선물이 따르는 법입니다.

1. 내가 하는 말 중에 질문과 지시의 비율이
    어느 정도인지 알고 있는가?

2. 직원들에게 지시할 때 부정과 긍정 중
    어떤 표현을 더 많이 사용하는가?

3. 대화를 할 때마다 어떻게 신뢰를 형성하려고
    노력하는가?

후일담

샌티노가 아홉 살 때 저에게 했던 말 중에 자부심과 겸손을 동시에 느끼게 한 일이 있었습니다. 토요일 오후에 가족과 함께 집에 있을 때였는데, 위층에 올라가보니 포켓몬 카드와 레고 장난감이 복도 온 사방에 잔뜩 어질러져 있었습니다. 아이는 방금 전에 레고 블록을 더 가져오려고 놀이방으로 가서 그 자리에 없었습니다. 엉망이 된 광경을 보자마자 제 속에 들어 있던 나쁜 아빠 모드가 곧장 발동했습니다. 어쩌면 그러기를 기다렸는지도 모르죠. 입에서 이런 말이 저절로 나왔습니다.

"샌티노, 물건들을 이렇게 사방에 어질러놓지 마. 사람들이 지나다니는 길이잖아!"

아이가 저를 똑바로 쳐다보더니 이렇게 말했습니다.

"그럼 어디에다 두면 좋을지 말해주세요. 포켓몬 카드

와 레고 블록이 자꾸만 굴러 떨어져서 한곳에 치우느라 그랬어요. 집을 깨끗하게 하려고요."

아들에게 한 방 먹고 말았습니다. 그리고 아빠를 일깨워줘서 고맙다고 속으로 생각했습니다.

66

처음부터 솔직한 태도를 보이고
어떤 질문에 대해서든
가장 중요한 핵심에 집중해야 합니다.

99

08

회의실에서

치열한 대화를 주고받는 것은 PG의 기업 문화에서 큰 부분을 차지합니다. 저는 그것을 일종의 '행동 규칙'이라고 생각하고 있습니다. 즉 우리 조직의 행동 양식을 구성하는 중요한 부분인 것입니다. 우리 회사 사람들은 업무에 있어 공개적인 언쟁을 피하지 않으며, 서로에게 앙금을 남기지 않습니다. 간부들은 서슴없이 서로를 향해 도전적인 자세를 취하지만, 모두 동료에 대해 강한 책임감을 느끼고 있습니다. 이 사람들은 제가 열을 낼 때마다 이마 한가운데 힘줄이 솟아난다고 놀려댑니다. 그렇지만 저는 이렇게 저를 자극했다가도 행여 역풍을 맞지 않을까 전전긍긍하는 모습을 보이는 것이 이해하기 어려웠습니다. 서로에게 솔직해지는 것을 두려워하지 않는, 용감하고 회복력 넘치는 모습과는 앞뒤가 맞지 않는다고 느꼈기 때문입니다.

저는 어떤 회의에서 끔찍한 경험을 하고 나서야 이런 현실에 눈을 떴습니다. 우리는 회의실에 모여 있었습니다. 큰 금액의 투자 건을 놓고 이미 수개월째 갑론을박을 펼쳐 오고 있었습니다. 게다가 이 투자는 향후 수년 동안은 가시적인 성과를 기대할 수도 없었습니다. 기회라는 사실도 분명하고 수요가 지속된다는 점에도 의견이 일치했지만, 투자 진행을 직접 책임질 간부는 구체적인 실행 방법에 대한 판단이 저와 완전히 동떨어졌다고 생각하고 있었습니다. 그는 우려를 표명했지만, CFO최고재무책임자와 제가 자신의 말을 경청하지 않는다며, 이는 자신의 능력을 불신하는 증거라고 생각하고 있었습니다.

제가 반대 의사를 밝히며 저의 관점을 이야기하는 순

간, 갑자기 CFO가 그 투자 담당 간부를 향해 쏘아붙였습니다.

"저거 말도 안 된다는 거 아시죠? 사장님이 틀렸다고 말씀을 하세요! 저한테는 벌써 말했잖아요. 사장님은 누구보다 투명한 양반이에요. 사장님이 화를 내면 또 어떻습니까? 어차피 그럴 분이라는 건 우리 모두 아는 사실이잖아요. 자신의 의견이 잘못되었으면 언제든 말하라는 게 사장님 뜻입니다."

방 안의 모든 사람들이 저를 쳐다보며 제 반응을 기다렸습니다. 정곡을 찌르는 말에 저는 얼어붙어버렸습니다. 사람들이 얼마나 두려워서 말을 못하고 있었는지 알게 되자 더할 수 없이 당황스럽고 부끄러웠습니다. CFO가 말하는 그대로 반응했던 장면들이 떠올랐습니다. 속마음을 숨기려 애쓰던 그들의 표정이 생생히 기억났고, 그들은 지금 이 자리에서도 똑같은 표정을 짓고 있었습니다. 이런 세상에! 제가 가장 믿었던 사람들의 입을 정작 제가 막아왔던 것입니다. 마음이 편치 않았지만, 틈만 나면 제 주장을 관철시키려고 한 것도 사실이었습니다. 저는 침묵에 익숙한 사람이었기 때문에(아버지로부터 물려받은 성격인 듯합니다), 평소보다 좀 더 오랫동안 버티며 마음이 진정될 때를 기다렸습니다.

"정말이에요? 당신은 제가 두렵습니까?"

그 간부가 저를 바라봤습니다.

"아뇨, 두렵지 않습니다. 하지만 사장님이 열을 내기 시작하면 입을 다물어야 한다는 건 모두들 알고 있죠."

제 귀에는 저를 두려워한다는 말로 들렸습니다.

여덟 번째 교훈:
진실에 귀를 기울여라

회의가 끝나자마자 저는 모여 있던 직원들에게 사과했습니다. 회의실을 나서는 제 마음이 어지러웠습니다. 회사를 처음 시작하던 때부터 제 마음이 아플 정도로 모든 것을 다 말하라고 간부들에게 신신당부해왔는데 왜 아무도 이런 말을 해주지 않았을까요? 도대체 언제부터 이런 현상이 지속된 것일까요? 회사에서 정보를 가장 많이 얻는 사람은 최일선에서 일하는 직원이기 때문에 그들에게 가장 큰 발언권을 주어야 한다는 것이 제 생각입니다. 정직한 목소리가 드러나지 않으면 어떤 회사든 제대로 성장할 수 없습니다. 저의 어떤 행동이 아이디어가 솟아오르는 것을 오랫동안 막아왔는지 어렴풋이 상상할 수밖에 없었습니다.

사람들이 속마음을 털어놓으리라고 막연히 가정한 채 제가 잘못하는 게 있으면 말해달라고 한 것이 실수였습니다. 그것은 먹이 사슬의 꼭대기에 앉아 있는 제 편한 생각일 뿐이었지요. 어쨌든 그런 말을 한 것은 위선에 불과했습니다. 저 자신부터 숨기는 일이 많았기 때문입니다.

군대를 포함해 제가 경험한 그 많은 조직들에서 제 의견에 관심을 기울이는 사람은 별로 없었습니다. '그런 상사'는 어디에나 꼭 있게 마련입니다. 말로는 솔직한 의견을 달라고 하지만, 기껏 용기 내어 발언해봤자 노발대발하기 일쑤인 사람들 말입니다. PG를 시작하면서 저는 달라야겠다고 결심했었습니다. '그런 상사'가 되는 것이 그토록 싫었으면서 상대방 입장이 어떤지를 그동안 까맣게 잊고 있었던 것입니다.

내 자신이 실망스러웠지만 진실을 알게 되었으니 다행이었습니다. 훌륭한 리더가 되려면 이런 대화를 통해 모순이 드러나는 상황에 잘 대처해야 한다고 생각합니다. 리더는 누구나 직원들이 자기 생각을 솔직하고 투명하게 말해주기를 원합니다. 리더는 그들이 왜 솔직하게 말을 못하는

지, 어떤 상황에서 두려움을 느끼는지 알고 싶어 합니다.

사람들이 리더의 생각에 동의하지 못할 때 두려움을 느끼는 것은 당연합니다. 누구나 이런 경험을 가지고 있습니다. 즉 마음속에서 바른 말을 해야 한다는 의무감이 솟아오르는 순간 말입니다. 그런데 대개 그렇게 하지 못합니다. 꾹 참거나 자신과 타협하는 경우가 대부분이지요. 왜 그럴까요? 진실을 말했을 때 리더가 보일 반응이 두려워서 그렇습니다. 회의실에 앉아 있는 다른 모든 사람들은 차치하고라도 말입니다. 반대 의견이나 하기 어려운 말을 꺼내려다 보면 꼭 걱정이 꼬리를 물고 이어집니다.

"말해봤자 아무도 믿지 않을 거야.", "사람들의 의견에 동조하지 않으면 왕따가 될 텐데.", "여기서 여성은, 또는 유색인종은 나 혼자네. 다수의 의견을 거역하면 아무도 나하고 일하지 않으려고 할 걸.", "사장에게 대들었다간 당장 잘리고 말겠지."

모두 현실적인 두려움이며, 그저 생각 속에서만 존재

하는 위험이 아닙니다. 이 나라의 모든 기업 현장에서 매일 벌어지는 일들이지요.

리더는 이런 두려움을 줄이거나 없애도록 노력해야 합니다. 우리가 반사적인 반응을 보이는 것은 상대방을 위로하고 그들을 위협하지 않겠다는 메시지를 던지기 위해서입니다. 사람들이 자신의 생각을 마음 놓고 정중하게 말할 수 있는 환경이야말로 우리가 바라는 것입니다. 상사에게 이해받는다고 느끼면, 직원들은 틀림없이 자기 생각을 말하게 될 것입니다. 샤리 할리Shari Harley는 자신의 책, 《누구에게나 무엇이든 말하는 방법How to Say Anything to Anyone》에서 부정적인 말을 들을 때 방어적인 태도를 취하는 것은 인간의 타고난 본능이라고 했습니다. 이 책은 예전에 읽었지만, 회의실 사건 후에 새로운 시각으로 다시 읽게 되었습니다. 직원들이 공세를 취하면 저는 늘 열을 올리며 방어적인 태도를 보였습니다. 사람들에게 자유로이 발언할 기회를 주는 문제는 안중에도 없었습니다. 제가 폭주하는 상황에서 그런 일은 결코 일어날 수 없었습니다.

할리의 말은 리더들이 반대 의견이나 새로운 의견을 내는 사람에게 "그렇게 말해줘서 고마워요"라고 짧게 답해주는 것만으로도 훌륭한 인정의 표시가 된다는 것을 알려줍니다. 너무 초보적인 내용은 잘 믿지 않는 저는 예의를 아무리 갖춘다한들 그런 까다로운 문제가 해결될 수 있을까 하고 의심했습니다. 고맙다는 말 한마디가 과연 얼마나 효과가 있을까요?

그러나 직원들에게 감사의 표시를 더 많이 보내고 부정적인 반응을 더 자제할수록 그들은 점점 마음을 열기 시작했습니다. 그들이 기꺼이 직언을 해서 저를 더 나은 리더로 변모시켰습니다. 그것이 제가 받은 선물이자 보상이었습니다. 그들이 정직한 태도를 보인 덕분에 저는 그 기회를 살려 그들의 두려움을 이해하는 법을 배웠습니다. 저는 제 생각을 표현하기가 두려울 때 열린 질문을 던졌고, 그럴 때마다 예의 그 긴장된 순간을 모두 경험했습니다.

수세에 몰리면 곧바로 반박하고, 말싸움에서 이기려 애쓰며, 자신이 옳다고 고집 피우는 것 모두가 마찬가지입니다. 그러지 않기가 어렵다는 것을 누구나 알고 있습니다. 리더 역시 자신의 두려움과 씨름해야 한다는 사실을 인정하십시오. 약한 모습으로 비쳐지기를 좋아하는 사람은 없습니다. 그러나 리더가 방어적인 태도를 보이면 모든 사람이 힘들어지고, 그 누구보다 자신이 가장 손해입니다. 회사를 성장시키거나 심각한 실수를 예방하기 위해 필요한 정보를 결코 얻을 수 없을 테니까요. 리더가 들을 수 있는 최대의 찬사는 직원들로부터 자신의 생각이 틀렸다는 말을 듣는 것일지도 모릅니다.

따라서 이런 상황에서 우리는 선량한 의도를 갖고 있으면서도 잘못된 시각을 갖게 되는 경우가 많습니다. 다른 사람들의 두려움을 없애거나 조종하는 것은 불가능한 일입니다. 심지어 자신의 두려움조차 마찬가지입니다. 그런 시도는 일찌감치 포기해야 합니다. 오히려 함께 힘을 합쳐 두려움에 정면으로 맞서고 그것을 신뢰 구축의 기회로 삼는 편이 낫습니다. 신뢰는 리더가 지녀야 할 가장 귀중한 덕목이기 때문입니다.

1. 직원들로부터 내 의견이 틀렸다는 말을
    최근에 언제 들었는가?

2. 누군가 나에 대해 솔직한 말을 해줄 때
    어떤 반응을 보이는가?

3. 직원들이 직언할 때, 용기를 내줘서 고맙다는 말을
    어떤 방식으로 해주는가?

후일담

PG의 회의 분위기는 이제 많이 바뀌었습니다. 직원들이 쓴소리를 들을 때 형성되는 긴장감 속에는 훨씬 더 솔직하고 건전한 분위기가 엿보입니다. 그들이 말하는 경우가 훨씬 더 많아졌고, 제가 말하는 횟수는 부쩍 줄었습니다. 분위기가 이렇게 바뀌자 그들은 마음 놓고 말할 수 있게 되었고, 저는 전체적인 시야를 얻었습니다.

저는 아직도 많이 부족하지만 이제는 우리가 민감한 주제를 놓고 격론을 펼치다가도 누군가 농담을 던지는 것이 이상하지 않습니다.

"어, 사장님 이마에 또 핏줄 서네요!"

그러면 좌중에 폭소가 터지면서, 비슷한 주제를 놓고 격분하던 저의 모습이 옛날이야기처럼 오고갑니다. 저 역시 덤덤하게 받아들입니다. 그저 지나간 옛일일 뿐이니까요. 생각은 그렇게 하지만, 제가 웃을 수 있는 이유는 이토록 어렵게 얻어낸 평화가 너무나 감사하기 때문입니다.

66

훌륭한 리더가 되려면
대화를 할 때 상대방의 입장을
먼저 이해하는 태도로
신뢰를 보여줘야 합니다.

99

Part III

당신이 발휘할
영향력을 선택하라

- 익숙한 길을 벗어나라
- 많다고 다 좋은 것은 아니다
- 정상까지 모두 함께 갈 수는 없다
- 협력하라

09

아이들과의 하이킹

　요즘 시간이 날 때마다 세 아이를 데리고 하이킹을 다니곤 합니다. 숲이 우거진 길을 서로 앞다퉈 한참 걷다 보면 으레 제 입에서 "얘들아 어디 있니?" 하는 말이 튀어나옵니다. 그러면 애들은 한 목소리로 "다 아는 길은 재미없어요!" 하고 외칩니다.

　그 말을 신호 삼아서 우리는 반들반들하게 나 있는 길을 벗어나 탐험을 시작합니다. 아이들은 제 시야를 벗어나지 않는 범위 내에서 새로운 식물이나 벌레, 또는 동물 발자국을 찾아 이리저리 헤맵니다. 이끼를 주워 모으고, 나무 위로 기어오르거나, 요새를 짓다 보면 어느새 흙투성이가 되지요. 아이들이 탐험에 몰두하는 동안 저는 근처에 적당한 자리를 잡습니다. 곧이어 우리는 나란히 누워 아이 스파이 놀이I Spy game, 아이들 중 한 명이 눈에 보이는 사물을 가리키는 첫 글자를 말하면 나머지 아이들이 그것을 추측해 내는 놀이 - 옮긴이를 시작합니다. 바닥에 누워 하늘을 바라보며 눈에 보이는 대로 말하는 것이지요. 우리는 동화책에서 봤던 숲에 사는 사람들을 상상하며 그들이 분명 조금 전에 이 길을 지나갔을 거라고 짐작합니다.

저는 탐험을 즐기는 편이고 특히 등산을 좋아합니다. 2009년 여름 어느 날, 본격적인 등산을 앞두고 훈련 삼아 메일박스 피크Mailbox Peak에 올랐습니다. 하이킹 마니아들이 자주 찾는, 가파른 산길로 유명한 곳입니다. 경사는 갈수록 가혹해지는데 무거운 짐마저 등을 짓누르는 통에 너무도 괴로웠던 하루를 보냈습니다.

산을 오르는 내내 군대 시절과 등산을 서로 연결해주

는 주제들에 대해 생각했습니다. 문득 둘 다 용기를 북돋는 상징과 스토리가 등장한다는 생각이 들었습니다. 군대에서는 규율을 엄격히 지키고, 영예로운 훈장을 수여하며, 강인함과 단결력, 명예를 고취하기 위한 격식과 절차에 공을 들입니다. 산악인들에게는 그들만의 고유한 용어와 경력별 등급이 있고, 7개 대륙 최고봉을 완등한 대가들을 기리는 신화가 존재하며, 그 밖에도 인내심과 결의를 평가하는 테스트가 있습니다. 상징과 의식, 전통은 구전을 형성하며 타인의 귀감을 만들어갑니다.

드디어 메일박스 피크 정상에 도착할 때쯤, 저는 완전히 지쳤으면서도 한편으로 에너지가 충만해지는 것을 느꼈습니다. 탐험을 향한 저의 열정을 PG의 문화에 녹아들도록 만들어도 좋겠다는 생각이 들었습니다. 눈 아래 펼쳐진 광경을 바라보면서, 도전과 탐험의 중요성을 기업 문화 속에 각인시킬 상징과 전통을 만들어야겠다고, 그렇게 해서 사람들에게 영감을 주어야겠다고 결심했습니다.

아이들과 놀다 보면 지나가다 멈춰 서서 우리에게 괜찮으냐고 물어보는 등산객들이 꼭 있습니다. 틀에 박힌 사고방식으로는 잘 닦인 길을 벗어나면 큰일이라도 날 것만 같습니다. 우리는 친절한 행인들을 향해 정중하게 손을 흔들어줬지만, 재미있게 노는 걸 그만둔 적은 한 번도 없었습니다. 가끔 다른 아이들이 같이 놀아도 되냐고 묻고는, 우리의 탐험에 합류한 적도 있었답니다. 우리는 두 팔 벌려(비록 흙이 묻어 더럽지만) 환영해주었고, 아이들은 금세 친해져서 오직 정해진 길을 벗어나 본능에 따를 때만 눈에 보이는 미지의 새로운 사물들을 함께 찾아다녔습니다.

주차장으로 되돌아올 때쯤이면 용감무쌍한 우리 탐험가들은 지치고, 배고프고, 지저분하고, 즐거운 상태가 되어 있곤 했지요. 가장 기분 좋은 순간은 그날 아이들이 집에 가서 엄마에게 한 말을 나중에 들을 때입니다. 아이들은 엄마에게 그날 뻔히 아는 길을 벗어나지 않았다면 그 모든 것들을 결코 볼 수도 알 수도 없었을 거라고 자랑합니다.

저는 우리 모두가 탐험가의 자세를 잃지 않아야 한다고 생각합니다. 우리는 가정에서든 직장에서든 새로운 미지의 영역에 끊임없이 도전해야 합니다. 언제든지 모험에 나서 새로운 것을 발견하겠다는 생각을 해야 합니다.

아홉 번째 교훈:
익숙한 길을 벗어나라

저는 평소에 회사에 새로 들어온 사람도 고정관념을 탈피하는 제 모습을 한두 번 보고 나면 곧잘 따라 할 수 있겠거니 생각했습니다. 물론 그런 사람도 있었지만, 대부분은 그렇지 못한 것이 현실입니다.

실망스럽지만 사람들이 그런 태도를 보이는 것도 무리는 아닙니다. 과거 제가 모신 상사들 중에도 혁신을 기꺼이 수용하거나 정해진 길을 과감히 벗어나는 사람은 극히 드물었습니다. 우리 회사에 새로 들어온 사람들이 전에 일했던 환경도 대개 그것과 크게 다르지 않았을 것입니다. 그들의 업무 보고 태도나 프로세스 변경 또는 업무 개선에 대해 승인을 요청하는 모습을 보면 알 수 있습니다. 혁신을 위해서는 위험을 떠안아야 한다고 그토록 강조해온 저로서는 이런 장면을 볼 때마다 미쳐버릴 것만 같습니다. 저는 그들이 획기적인 업무 개선 방안을 들고 오기를 간절히 원했지만, 그들의 머릿속에 어떤 장벽이 단단히 자리잡고 있다고 느낄 때가 많습니다.

저는 비록 시류를 거스르는 한이 있더라도 새로운 방식을 마음 놓고 시도할 수 있는 문화를 만들어야겠다고 생각했습니다. 마음이 너무 앞선 나머지 예전 직장에서 혁신을 시도했던 일화를 셀 수도 없이 이야기했습니다. 그 이야기의 결말은 대부분 규정 관련 부서의 간섭으로 기존 방식으로 되돌아갔다는 것이었습니다. 그런 아픈 기억 때문에 저는 크건 작건 뭔가 새로운 시도에 대해서는 늘 칭찬을 아끼지 않았습니다. 그러나 이런 노력에도 불구하고 마음에 들 정도로 결과가 빨리 나온 적은 한 번도 없었습니다.

회사 내에 혁신의 분위기를 살아 숨 쉬게 할 방편의 하나로, '인설턴트Insultant'라는 용어를 쓰기 시작했습니다. 저는 이 말을 기업 생애주기에 관한 책을 쓴 아이착 에이디제스Ichak Adizes 박사로부터 처음 배웠습니다. 요컨대 PG의 모든 구성원이 "내면에서 지혜를 얻어, 스스로 컨설턴트가 되자"는 의미를 담고 있는 용어입니다. 혁신이란 매일 반복되는 일상에서 벗어나 성취하는 어떤 것이 아니라, 우리가 매일 하는 일 그 자체여야 한다는 주장입니다. 저는 모든 사람들이 그런 시각을 가지기를 바랐습니다.

이런 사고방식을 고취하기 위해 저는 끊임없이 질문을 던졌습니다.

"마음에 들지 않는 점을 말해보세요. 우리가 어떤 점을 바꿔야 할까요?"

이런 말을 꺼내면 어김없이 직원들이 좌절감을 느끼는 일로 화제가 옮겨갑니다. 회사의 비효율이나 고객 서비스 개선을 저해하는 제약 조건, 또는 각자 현재 맡은 역할에 관한 문제 등입니다. 이 질문을 통해 무엇이 바뀌어야 하고 그 방법은 무엇인지에 관한 공개 토론이 이루어집니다.

대화의 또 다른 주제는 "고객은 어떤 불편을 느끼는가?"라는 질문입니다. 저의 친구이자 멘토이며, 작가이기도 한 데니스 스노우Dennis Snow가 알려준 개념 중에 '서비스 지도service mapping'라는 것이 있습니다. 이것은 모든 프로세스를 우리 회사가 아니라 고객 경험의 관점에서 바라보는 방법입니다. 이 기법을 적용하면 고객이 우리 조직과 만나면서 보고 경험하는 모든 일들을 샅샅이 파악할 수 있습니다. 서비스 지도를 작성하다 보면 고객이 느끼는 불만을 한눈에 알 수 있고, 불필요한 업무를 제거해야 할 필요성에 눈을 뜨게 됩니다. 이를 통해 고객의 편의는 증대되고 우리 서비스가 전달되는 흐름도 간소화됩니다.

군대 시절에 경험한 '사후 검토'의 위력이 떠오르자 곧바로 이를 PG에 도입했습니다. 훈련이 끝나면 반드시 체계적인 검토(즉 보고 청취)가 따릅니다. 어떤 일이 있었고 그 원인은 무엇이며, 다음 훈련이나 임무에서 개선할 방안은 무엇인지 등을 솔직담백하게 진단하는 절차입니다. 엄격한 위계가 존재하는 군대였음에도 보고 청취 시간에는 활발한 질문과 투명한 대화, 절차 변경 등이 이루어졌습니다.

저는 이것을 우리 회사에 도입해 중요한 일이 생길 때마다 꼭 사후 검토 회의를 열어 허심탄회하게 대화를 나눔으로써 더욱 강력한 체질을 갖출 수 있게 해야겠다고 생각했습니다. 제가 경험한 바로는 보고 청취 시간에는 "이렇게 했으면 어땠을까요?"라는 말을 하는 사람이 꼭 나옵니다. 이것이 바로 혁신적인 대화의 문을 열어젖히는 신호탄입니다. 사람들은 기다렸다는 듯이 새로운 생각을 내놓고, 또 거기에 반응하면서 제안을 다듬어갑니다.

어떤 프로세스든 개선하지 않은 채로 너무 오랫동안 방치해두면 비효율이 발생할 수 있습니다. 창조적 파괴로부터 개선이 이루어진다는 점을 환기하려는 취지로, "부러진 팔을 다시 맞추자"라는 구호를 생각해냈습니다. 어떤 프로세스나 절차가 자리잡은 지 너무 오래되었다면, 그것을 다시 흔들어볼 필요가 있습니다. 기업 현장에서는 특정 업무방식이 오랜 시간에 걸쳐 똑같은 장점을 계속 발휘하는 경우가 극히 드뭅니다. 이런 혁신을 통해 이미 잘하고 있는 일에 새로운 활력을 불어넣음으로써 지속적 개선이라는 수확물을 거둘 수 있습니다. 조직의 리더와 구성원들은 높은 성과를 지속하는 것과 성역처럼 오래 유지되어온 프로세스를 혁신하는 것 사이에서 절묘한 균형을 찾아낼 줄 알아야 합니다.

리더는 어려운 일이 무엇인지 파악하고 혁신을 추구하려는 태도를 원래부터 지니고 있습니다. 가장 사소한 불편함을 고치기 위해 혁신을 추구하겠다는 태도가 몸에 배면, 회사의 모든 문제점은 탐구와 개선의 기회가 됩니다. PG에서는 누구나 회사의 현상을 타파하겠다는 용기를 입증해야 합니다. 정해진 절차를 뒤흔들고 업무를 개선하는 과정에서 사람들은 기존의 서비스를 바꿨고, 직원 만족도를 높이기 위한 개선안을 마련하기도 했습니다. 사람들은 아무 걱정 없이 탐구하고, 도전하며, 연구할 수 있다는 것을 모두 알고 있습니다. 이제는 아무도 승인을 얻을 때까지 기다리지 않습니다. PG에서는 오히려 잘 닦인 길을 따라가는 것을 가장 위험한 일로 받아들이게 됐을 정도입니다.

우리는 혁신에 대해서만큼은 엄청난 보상 제도를 마련해왔습니다. 최고혁신상 수상자에게는 모든 비용을 회사가 부담하는 휴가가 기다리고 있습니다. 탐구의 일상화가 선택이 아니라 필수라는 사실을 알리고 이를 실천하는 것은 우리 회사의 문화이자 전통입니다. 개척자들의 무용담이 날이 갈수록 늘어나고 그에 따라 전통은 더욱 확대됩니다. 이 모든 것은 대다수 기업들에서 당연시되는 제한적 사고방식을 바꾸는 강력한 수단이 됩니다. 덕분에 저도 선물을 받았습니다. 그것은 회사의 모든 사람들에게 이익이 되면서도 앞으로 오랫동안 회사의 경쟁력을 유지할 수 있도록 돕는 에너지였습니다. 리더는 아무리 잘 닦인 길을 걷고 있어도 그 길을 벗어난 미지의 무언가를 추구해야 합니다. 물론 계획대로 되지 않을 수도 있습니다. 그렇더라도 리더는 '앞으로 일어날 가장 좋은 일은 어떤 것일까?' 하고 항상 스스로 질문해야 합니다.

1.   어떤 방식으로 사람들의 의견을 구하는가?

2.   우리 회사 간부들은 사람들과의 만남이나 회의에서
      어떻게 새로운 아이디어를 찾아내는가?

3.   회사에서 위험을 감수하는 문화를 고취하기 위해
      만든 절차나 형식, 보상이 있는가?

후일담

2017년 비가 오던 어느 날 오후, 저는 아이들과 함께 워싱턴Washington 주 아이사콰Issaquah 인근에 있는 타이거마운틴Tiger Mountain에서 푸푸 봉우리Poo Poo Point로 향하는 단거리 급경사 코스를 올랐습니다. 정상을 거의 눈앞에 둔 전망 좋은 한 지점에 도착해보니, 등산객들이 쉬면서 점심을 먹고 있었습니다. 우리도 잠시 멈춰서 휴식을 취했습니다. 정상으로 가는 길은 오른쪽으로 나 있었는데 왼쪽으로 산길이 또 하나 나 있더군요. 그 길은 마치 계속 더 올라갈 수 있을 것처럼 탁 트여 있었습니다. 그래서 우리는 그쪽 길로 접어들었습니다. 잠시 후, 아까 본 등산객들이 우리를 따라오고 있다는 것을 알게 되었습니다. 아이들은 처음 보는 광경을 손으로 가리키기 시작했고, 다른 등산객들도 똑같이 행동했습니다. 마침내 그중 한 명이 말을 걸어왔습니다.

"이 산을 많이 와봤지만, 이 길이 어디로 나 있는지 항상 궁금했어요. 이쪽으로 많이 와보셨습니까?"

"아뇨, 저희도 처음입니다."

그는 웃음을 터뜨리더니 이렇게 말했습니다.

"그렇군요. 어쩌면 저는 과연 누가 저 샛길로 가는지 보려고 기다리고 있었나 봐요."

10

사막에서 샤워하기

군 복무 시절, 저는 매년 6주 또는 8주 정도를 모하비 사막에서 지냈습니다. 그곳의 온도는 섭씨 48도를 훌쩍 넘기곤 합니다. 모하비 사막에는 포트어윈 훈련소Fort Irwin National Training Center가 있는데, 저를 포함한 야전포병들은 밤낮으로 이곳에서 훈련에 몰두했습니다. 중동 지역에서 마주할 상황을 가정하여 온몸에 완전군장을 한 채 지냈습니다. 끊임없이 쏟아지는 뜨거운 햇살에 살갗은 금세 익어갔고, 몸에서는 방금 무덤에서 튀어나온 좀비떼보다 더 심한 악취가 풍겼습니다. 포트어윈에서 지내는 내내 겨우 2주에 한 번씩만 씻을 수 있었습니다.

모하비 사막에 처음 훈련을 갈 때만 해도 일과가 끝나면 매일 뜨거운 물로 느긋하게 샤워할 수 있을 거라고 생각했습니다. 그러나 막상 샤워장을 보는 순간 그런 환상은 산산이 깨져버렸습니다. 거기에 비하면 드라마 《야전병원 매쉬M*A*S*H, 한국전쟁을 배경으로 미 육군 이동외과병원을 묘사한 영화 및 드라마, 열악한 환경에서 고생하는 병사들의 애환을 그렸다 - 옮긴이》에 나오는 세트장은 초호화 호텔이나 다름없었습니다. 마치 다리와 머리만 드러낸 채 통 속에 들어가 샤워하는 꼴이었습니다. 정말 실망스러운 것은 샤워용 물통에 물이 고작 8리터 밖에 담겨 있지 않았다는 것이었습니다. 그런 물통이 샤워장마다 벽에 달랑 하나씩만 걸려 있었습니다. 억장이 무너졌지요. 깨끗하게 샤워하려면 물통을 최소한 10번은 채워야 할 것 같았거든요.

샤워장이라고 해봐야 나무판자 위에 방수포를 벽처럼 만들어놓은 게 고작일 정도로 환경이 정말 열악했습니다.

물 공급 담당병사가 한 명당 할당된 물의 양은 물통에 담긴 것이 전부라고 하더니, 그마저도 다음 사람을 위해 전부 다 쓰지는 말라고 했습니다. 아, 진짜 이런 법이 어디 있단 말입니까!

그는 친절하게(?) 다음과 같이 안내했습니다.

"샤워꼭지를 틀면 물이 한두 방울씩 나옵니다. 그러면 머리부터 발끝까지 재빨리 비누칠을 하고 물로 헹구면 됩니다."

그 말을 도무지 수긍할 수 없었던 저는 물통에서 물을 퍼내 마음껏 몸을 씻는 즐거운 상상에 빠졌습니다. 물론 어디까지나 상상일 뿐 크게 한 번 웃고 나면 진짜 샤워를 해야 한다는 건 알고 있었습니다. 결국 딴 생각을 포기하고 병사가 말해준 대로 할 수밖에 없었습니다.

샤워꼭지를 틀자 물이 똑똑 떨어지기 시작했습니다. 뻣뻣한 머리카락에 비누칠을 하면서 들어보니, 마치 껍질이 두꺼운 호박을 철망으로 긁어대는 소리가 났습니다. 물이 금방 동날 거라는 생각에 빛의 속도로 몸을 움직였습니다. 위에서 아래까지 비누칠을 하다 보니 금세 온몸에 물이 묻는 게 느껴졌습니다. 처음에는 물방울이었는데 발끝까지 흘러내리면서 물줄기로 바뀌는 느낌이 들었습니다. 곧이어 물에 대한 걱정은 잊고, 씻는 데 집중하게 됐습니다. 손이 발끝에 다다를 때까지 비눗물이 계속 흘러내리면서 그럭저럭 필요한 만큼은 다 공급되는 것이었습니다.

20분 만에 말끔하게 다 씻을 수 있었습니다. 물통을 들여다봤더니, 놀랍게도 아직 물이 반이나 남아 있었습니다. 다음 병사가 기다리는 샤워장을 나서면서 부족함이 발휘하는 위력에 다시 한 번 놀라움을 금치 못했습니다.

열 번째 교훈:
많다고 다 좋은 것은 아니다

　　리더는 매일매일 시간과 돈에 관한 문제로 고민합니다. PG의 초창기 시절, 우리가 발휘하는 독창성과 경쟁자들을 물리치는 핵심 활동은 그야말로 생존이 달린 문제였습니다. 회사가 조금 성공하고 나자 어려움의 조짐이 보일 때마다 자원을 더 많이 투입하려는 유혹이 찾아왔습니다. 그래서 뭐가 문제였을까요? 어려운 시절 우리를 속박했던 불편함을 벗어던지는 건 어쨌든 성공의 표시가 아닌가요? 그런데 시간이 지날수록 PG의 간부들이 한계에 봉착할 때마다, 즉 더 큰 책임을 떠안게 될 때마다 추가 인력과 추가 수단, 추가 재원이 있어야 과제를 해결할 수 있다고 생각한다는 것을 깨달았습니다. 그래서 저는 거센 도전이 닥쳐와도 이를 최소한의 자원으로 대응하는 태도를 간부들에게 심어주기 위해 무던히도 애를 썼습니다.

뉴멕시코에서 살던 어린 시절에는 적은 자원으로 더 많은 것을 얻어내는 것이 우리가 사는 방식이었습니다. 가난한 집안이 다 그렇듯 풍족한 거라곤 하나도 없었습니다. 어릴 때부터 뼛속 깊이 새겨진 그런 태도는 군에 입대한 후에 더욱 강화되었습니다. 군대에서는 모든 작전을 구상할 때마다 가용 자원을 어떻게 최적화해서 활용할지 궁리해야 합니다. 그래서 군대에서는 활용 가능한 모든 것을 파악하여 목적에 부합하도록 순간순간 조정해 나갔습니다. 우리의 가장 큰 자산은 시간과 에너지, 오로지 임무 완수에만 맞춰진 집중력이었습니다.

군인들은 최적의 경로를 찾아내 거기에 모든 힘을 다 쏟아내도록 훈련받습니다. 반면 기업 현장을 생각해보면 창업 초기의 기업가든 거대 조직의 리더든 문제가 발생한 곳에 더 많은 재원을 투입하는 경향이 있습니다. 그러나 사실은 자원이 부족한 상태로 문제를 해결하는 것이 더 효율적입니다. 제약에는 집중력과 창의력을 강제하는 힘이 있기 때문이지요.

시간이나 돈을 다투는 상황에서는 시간이 더 중요한 자원이라는 생각을 잘 하지 못합니다. 회사가 급격히 성장하면서 많은 압박을 받던 시기에 저는 시간에 관해 많은 것을 배웠습니다. 어느 날 밤, 해결해야 할 문제와 저를 괴롭히던 일들을 모두 종이에 적어보았습니다. 1시간에 걸쳐 머리에 가득 차 있던 내용을 종이 넉 장에 모두 쏟아낸 후, 마음이 한결 가벼워지는 것을 느낄 수 있었습니다. 그 '쏟아낸 목록'을 눈앞에서 보면서도 한참이 지나서야 모든 사태를 파악할 수 있었습니다.

회사에 가장 큰 영향을 미치는 사람이 누구냐고 사람들에게 물어보면, 보통 가장 중요한 역할을 맡은 사람 또는 실력이 가장 뛰어난 사람이라는 대답이 돌아옵니다. 그러나 누가 회사에 더 큰 영향력을 미칠까에 대한 판단은 시간의 범위에 따라 달라진다고 생각합니다. 영향력이 큰 사람들은 일상의 자잘한 문제와 '큰 건'이 걸린 기회 중 과연 어디에 더 많은 시간을 쓸까요? 당연히 큰일에 더 많은 시간을 투자합니다. 그리고 그런 핵심 이슈를 해결하려면 어느 정도 시간이 필요합니다. '쏟아낸 목록'을 살펴보면서 그동안 제가 얼마나 시간이 많이 필요한 문제와 기회에 시간을 할애하지 않았는지 깨달았습니다. 그래서 저는 목록의 모든 이슈와 과제를 다음의 세 가지 범주로 나누었습니다. 나눈 기준은 문제 해결에 필요한 시간의 범위입니다.

* 일상 업무
* 6~18개월쯤 걸리는 일
* 2~3년 정도 필요한 일

이 작업을 할 때 간부들도 함께 있었는데, 제가 종이에 열거한 목록을 다 보더니 그들 역시 저처럼 한시름 더는 기분인 것 같았습니다. 그러나 정작 문제는 그 다음이었습니다. 자신들 역시 캘린더를 펴고 그동안 각각의 범주에 해당하는 문제에 자신이 얼마나 시간을 투입했는지 확인해야 했기 때문입니다. 너무나 많은 리더들이 그러듯이 다들 눈앞의 일들에 온통 시간을 뺏기고 있다는 것을 금방 알 수 있었습니다. 반면에 시간이 지나 회사에 큰 영향을 미칠 수 있는 큰일에는 전혀 신경을 쓰지 못했습니다.

이 작업을 마친 후 간부들은 우리에게 주어진 시간이 생각보다 많다는 사실을 알게 되었습니다. 간부들은 시간 관리 효율을 높이기 위해 최우선 순위로 선정한 몇 가지 일에 집중하면서 오랫동안 힘을 기울였고, 중요도가 떨어지는 일들은 다른 사람에게 위임했습니다. 그러자 점차 우리 입에서 사업 기회를 시간의 범위에 따라 표현하는 습관이 형성되었습니다. 어떤 일을 성사시키는 데 얼마나 많은 시간이 필요할까요? 그러는 동안 에너지를 얼마나 꾸준히 투입해야 할까요?

자원 활용이란 기존의 일하는 방식에 도전하는 일입니다. 그러기 위해서는 가장 높은 자리에 있는 CEO부터 직접 나서야 합니다. 제 눈에는 CEO의 E가 '편집Edit'을 뜻하는 것으로 보입니다. CEO가 할 일은 불필요하고 방해되는 모든 일을 '자르고' '덜어내서eliminate' 사람들이 일하기 쉽게 만들어주는 것입니다. 자원 활용은 이미 있는 수단을 최대한 활용하는 것만이 아니라, 부담을 가중시키는 요소를 없애는 일까지 포함됩니다.

우리가 미처 깨닫지 못할 뿐이지 고객들 역시 우리에게 이 창조적 편집 활동에 나서라고 촉구하고 있는지도 모릅니다. 예컨대 고객들은 우리에게 항상 더 많은 것을 요구하는 것처럼 보이지만, 실상 그들은 우리에게 뭔가를 덜 하라고 말한다는 것입니다. 그들은 이렇게 말하고 있습니다.

"당신네들과 함께 일하려면 더 쉽고 간단해져야 해요."

리더의 입장에서는 고객이 이런 요구를 할 때가 고객의 충성도를 확보하고 팀의 참여도를 높일 수 있는 절호의 기회입니다. 잘라내야 할 곳이 어디인지 찾아서 모두에게 혜택이 돌아가는 방향으로 조치해야 합니다. 조직 내 프로세스 중에서 한 가지를 골라 담당부서에 고객 편의를 위해 두 단계를 줄이도록 지시해보십시오. 그 정도는 쉬운 일이라고요? 절대 아닙니다! 그것은 전체 그림을 통찰한 후에 시간과 에너지, 창의력을 쏟아부어가며 고객 경험을 개선하는 일입니다.

간부들로부터 뭔가를 더 해달라는 요청을 받을 때마다 저는 오히려 그들의 관점을 즉각적으로 바꿀 수 있는 질문을 던집니다.

"현재 쓸 수 있는 모든 것들을 얼마나 활용하고 있어요? 1부터 10까지의 수치로 답해보세요."

그런 다음 추가 질문을 계속 던지다 보면, 간부들이 맡고 있는 모든 일을 하나하나 점검할 수 있습니다. 이렇게 하면 틀림없이 그 부서의 평균적인 성과를 끌어올릴 수 있는 방법이 수없이 드러납니다. 이 때 자원 활용이란 우리 직원들이 자신의 잠재력을 거의 완벽에 가깝게 발휘할 수 있게 해주는 점진적인 작은 변화를 뜻합니다.

이렇게 진단할 때 생각해야 할 것이 하나 더 있습니다. 추가 자원은 언제 투입해야 하고 그 방법은 무엇인지를 고려하는 것입니다. 저는 이것을 '회색지대 대화'라고 부릅니다. 저는 지원 증대를 요청하는 그들의 목소리에 긍정도 부정도 하지 않으면서 그 사이의 회색지대에 적응하라고 요구합니다. 즉 팀의 역량을 총동원해서 프로세스를 간소화하고, 모든 문제에 에너지와 창의력을 발휘하라는 것이지요. 그래서 그 팀의 평균 성과가 향상되는 모습이 확인될 때, 비로소 언제 어떻게 추가 자원을 투입할지에 관해 대화할 수 있습니다. 회색지대에서 함께 그 방안을 모색하다 보면 어김없이 우리가 생각했던 것보다 많은 자원이 남아 있다는 것이 확인되며, 실제로 추가 자원이 필요한 경우에도 모두가 생각했던 것보다 추가해야 할 양이 적음을 알 수 있습니다.

자원 활용의 핵심은 바로 용기입니다. 리더들은 지원 요청을 승인할 때 마치 영웅이 된 것처럼 느낍니다. 자존심을 세우는 것이 아무리 자연스런 본능이라지만 이는 분명히 잘못된 판단입니다. 리더는 언제 수락하고 거절할지를 정확히 판단하기 위해 힘든 결정을 내려야 합니다. 부족한 자원으로 더 많은 일을 해낼 수 있다는 것을 아는 것이 바로 용기입니다.

리더란 야망을 가진 사람이며, 풍족하게 일하고 싶은 심정은 그들도 직원들 못지않습니다. 그러나 리더들이 오해하지 않았으면 좋겠습니다. 야망을 품되 자원 활용을 세심히 관리하라는 말은 회사 직원들에게 인색하게 굴거나 그들을 학대하라는 뜻이 전혀 아닙니다. 자원 활용성을 추구할 때 얻는 이점은 단지 회사의 효율과 수익을 더 높이는 데만 있는 것이 아닙니다. 그것은 바로 균형을 찾는 일입니다. 이 사실을 깨닫고 난 후에 저는 제가 가진 모든 것에 감사하고 인정할 줄 알게 되었습니다. 그리고 풍족함을 갈구하는 저의 본성을 잠재울 수 있었습니다.

1. 해결해야 할 모든 문제와 각각의 마감시간을
    알고 있는가?

2. 간부들이 자신이 해결해야 할 문제와 그 마감시간에
    대해 어떻게 생각하는지 알고 있는가?

3. 내가 하는 일 중 다른 사람에게 위임할 수 있는 것은
    무엇인가?

후일담

    최근 한 간부를 중역으로 승진시켰을 때의 일입니다. PG는 꽤 훌륭한 성과를 내고 있었지만, 제가 오랫동안 지켜봐온 어떤 사업을 그 간부가 맡을 경우 더 큰 성과가 나올 거라고 모두 생각했습니다.

    그의 새로운 역할을 두고 회의를 진행하던 중 그가 연말까지 부서 인력을 두 배로 늘려달라고 요청했습니다. 인력과 자원이 더 있어야 임무를 완수할 수 있다는 것이었습니다.

    "정말입니까?" 제가 물었습니다.

    "그렇습니다."

    저는 그에게 부서의 성과에 점수를 매겨보라고 했습니다. 곧바로 10점 만점에 5점이라는 대답이 돌아왔습니다.

그렇다면 평균 5점짜리인 그 부서에 인력을 투입하면 7점이나 8점이 된다는 말일까요? 자원을 투입한다고 모든 문제가 해결될 수 있을까요?

인원을 투입하는 순간 평균점은 오히려 내려갈 거라는 것을 뻔히 알 수 있었습니다.

그래서 저는 이렇게 말했습니다.

"평균 점수를 7점으로 올려보세요. 추가 자원 요청 건은 그 다음에 얘기해보죠."

그는 그해에 해당 부서를 이끌면서 회사가 생긴 이래로 가장 최고의 성과를 거두었습니다. 우리가 처음 나누었던 대화에 관해 말할 때마다 그는 웃으면서 당시 추가 자원을 요청했던 것이 얼마나 신경 쓰였는지 모른다고 고백했습니다.

부족한 자원으로 더 많은 일을 하려면 시각의 전환이 필요합니다. 리더는 먼저 모든 인원과 자산이 최고의 성과를 올리고 있는지 확인해야 합니다. 그런 다음에야 비로소 자원을 투입하겠다고 약속할 수 있습니다. 그러면 그 자원은 또 다른 목적에 더 유용하게 쓰일 수 있을 것입니다.

11

레이니어 산

2008년에 우리 가족은 시애틀로 이사했습니다. 출퇴근길에 워싱턴 호수Lake Washington를 지날 때마다 레이니어Rainier 산이 보였는데 경치가 너무나 아름다웠습니다. 저는 이미 열여섯 살 때부터 산이 주는 아름다움과 치유의 매력에 빠져 있던 터라 레이니어 산에 오르고 싶다는 의욕이 강하게 일었습니다. 태평양 연안 북서부 지역으로 이사를 온 지 얼마 지나지 않았는데, 다음 해 여름에 레이니어 산에 오르기 위해 등반 팀에 가입했습니다. 출산을 앞둔 아내는 입이 삐죽 나왔습니다. 회사에서 퇴근한 후 남는 많지 않은 시간을 엉뚱한 데 쓴다고 완전히 마음이 상했던 것입니다.

이듬해 4월부터 본격적으로 훈련을 시작했습니다. 동이 트기 전부터 일어나 움직였습니다. 훈련용 식이요법은 집에서 식사하는 환경과 최대한 비슷하게 유지하면서, 8월 등반 일정에 맞춰 준비했습니다. 4개월 후, 저는 엄청난 수면 부족에 시달리면서도 군 시절 이후로 최적의 몸 상태를 갖출 수 있었습니다.

등반 날짜가 가까워오던 무렵, 마침 브릿Britt이라는 친구가 멀리서 찾아왔습니다. 같이 훈련하자고 권했더니 선뜻 동참했습니다. 드디어 등반하는 날이 되어 우리는 산으로 향했고, 가이드들과 우리 팀 멤버 10명이 만났습니다. 모든 그룹이 고도 3,000미터 지점의 캠프 뮈르Camp Muir에서 출발한 후 1,300미터를 등반해 정상에 도달하는 코스를 택했습니다. 밤늦게 출발해서 아침쯤에 정상에 도착한 후 그날 캠프 뮈르로 돌아오는 일정이었습니다.

그날 저녁 우리는 경로의 세부사항을 확인했고, 그동안 가이드들은 장비를 점검했습니다. 우리는 새벽 1시에 출발했습니다. 잠은 한숨도 못 잔 상태였습니다. 우리 모두가 흥분과 긴장으로 초조한 상태였습니다. 모두들 그저 빨리 시작해서 후딱 끝내버렸으면 좋겠다고만 생각하고 있었습니다.

몇 시간 후, '실망의 칼Disappoinment Cleaver'이라는 봉우리를 반쯤 오를 때까지 4명이 기권했습니다. 가이드 두 명이 그들을 캠프 뮈르까지 안내했습니다. 이 지점이 바로 등산객들 중 90퍼센트가 등반에 실패하거나 포기하는 곳이라고 가이드 한 명이 설명해주었습니다. 가파른 데다 모래와 바위로 뒤덮여 있기도 했지만, 일단 산소가 희박해지는 지점이었습니다.

그 봉우리를 올라 정상까지 가는 길에는 동트기 전까지 도착해야 할 지점이 두 군데 더 있었습니다. 또 한 명이 고산병으로 탈락했습니다. 가이드는 포기자가 한 명만 더 생기면 전원이 캠프 뮈르로 돌아가야 한다고 했습니다. 남은 사람들은 더욱 결연한 의지를 다졌습니다. 그 누구도 자신 때문에 전체를 망치고 싶지 않았던 것입니다.

정상으로 향하는 마지막 길목에서 폭풍이 몰아닥쳤습니다. 폭풍 주의보는 이미 들어서 알고 있었습니다. 노란 태양과 검은 구름이 비경을 이루었지만 동시에 골치 아픈 일이기도 했습니다. 발걸음을 뗄 때마다 폭풍과 추위가 더욱 거세졌습니다. 뒤에서 누군가가 우리를 로프로 묶어 잡아당기는 것만 같았습니다. 공기가 워낙 희박해서 마치 빨대로 숨을 쉬는 기분이었습니다.

오전 7시 직전에 정상에 도착했습니다. 기뻐하면서 살펴보니 장비에 온통 고드름이 매달려 있었습니다. 서둘러 사진을 찍는 동안에도 폭풍은 점점 더 심해졌습니다. 저는 손수 만든 PG 깃발을 들고 포즈를 취한 채 사람들에게 보여줄 사진을 찍었습니다. 보통은 하산하기 전에 한 시간쯤 쉬는데, 사정이 이렇다 보니 모두 생략했습니다.

출발할 때는 열두 명이었지만, 그날 등반에 성공한 사람은 일곱 명뿐이었습니다. 두 명은 포기했고, 두 명은 고산병에 걸렸으며, 한 명은 무릎을 다쳤습니다. 전원이 정상 정복에 성공한 경우는 몇 번이었느냐고 가이드에게 물어봤더니, 이렇게 대답했습니다.

"전원이 정상까지 오른 경우는 기억나지 않네요. 그런 경우가 없지는 않았을 것 같은데, 꼭 어떤 일이 생기는 것 같아요."

열한 번째 교훈:
정상까지 모두 함께 갈 수는 없다

저는 조직을 제대로 세우기 위해 많은 시간과 노력을 기울였고, 직원들의 결속감을 유지시키기 위해 스스로를 엄청나게 몰아세웠습니다. 그 결과 사람들이 빠져나가는 문제로 늘 심각하게 고민해야 했습니다. 퇴사자가 나올 때면 며칠이나 자책에 빠지곤 했습니다. 시간과 정성을 기울였던 사람이 그만둘 때마다 너무나 힘들었습니다. 직원들을 진심으로 보살핀 경험이 있는 리더라면 누구라도 이런 상실감을 이해할 것입니다.

초창기의 제 태도를 지금 와서 생각해보면, 회사를 세워가는 과정에서 직원들을 모두 데리고 갈 수 있다고 봤던 것이 얼마나 바보 같은 생각이었는지 머리를 절레절레 흔들게 됩니다. 원래 모든 일은 처음 세웠던 계획대로 되는 법이 없고 우리 모두는 이 사실을 잘 알고 있습니다. 이렇게 자명한 사실을 두고 왜 우리 직원들만 예외라고 생각했을까요? 이 점에서는 그 누구나 마찬가지입니다.

레이니어 산에 오른 뒤로 회사를 바라보는 새로운 관점이 생겼습니다. 등산이란 결코 끝이 없는 계속되는 과정입니다. 정상에 오르더라도 항상 또 다른 정상이 그 다음에 기다리고 있기 때문입니다. 이는 회사 일에도 고스란히 적용할 수 있습니다. PG 역시 사업의 경쟁력을 유지하기 위해서는 끊임없는 개선이 필요합니다. PG의 모든 구성원은 개인적, 직업적 성장을 향해 오르는 등산객이라 할 수 있습니다. 우리 모두 혼자 있을 때보다 서로 팀을 이룰 때 더 강해지고 멀리 가며 많은 것을 이룰 수 있습니다. 비즈니스에도 정상이란 존재하지 않습니다. 오직 봉우리와 계곡이 있어서(사업의 호황과 불황, 조직이 경험하는 승리와 고통 등) 높고 낮음을 느낄 뿐입니다. 우리가 문을 열어두고 있는 한 최종 결승점이란 존재하지 않으며, 오로지 새로운 도전과 문제, 혁신과 해결책이 존재할 뿐입니다.

이런 비유를 떠올리며 처음 시작했던 팀과 다른 모험을 찾아 떠난 사람 그리고 등산을 계속하는 사람들에 대한 몇 가지 중요한 사항을 깨닫게 됐습니다. 우리 모두가 저마다 산을 오르고 있다는 사실을 깨닫는 것이 중요합니다. 제가 고용한 사람들 모두가 저와 만나기 전부터 이미 각자의 경력이라는 등산을 시작했으며, 우리 회사에서 퇴직한 후에도 오랫동안 그 등산을 계속할 가능성이 높습니다. 사람들은 모두 자신만의 제한과 목표, 인생의 예기치 못한 사건 등이 이 경로에 미치는 영향 안에서 일하고 있습니다.

우리 모두는 각자 다른 이유로 등산에 나서고 있습니다. 사람들의 꿈을 존중해야 하는 이유가 바로 이 때문입니다. 우리는 인생을 통해 여러 가지 목표를 추구하며, 서로 맺는 관계에서도 유연성과 희생이 동시에 요구됩니다. 사람들이 남아 있거나 떠나는 이유는 조직에서 맡은 특정 역할만으로 수용할 수 없는, 훨씬 더 길고 모험에 찬 각자의 인생 행로에 따라 결정됩니다.

리더의 역할은 직원들의 성장을 지원하고, 회사의 지속적인 등반 과정에 그들이 기여하는 바를 인정하는 일입니다. 그들은 언제 다른 길을 찾아 나설지 모릅니다. 그렇지만 함께 있는 시간만큼은 귀하게 여겨야 합니다. 인생이란 서로 만났다 헤어지고, 함께 노력하며, 목표를 변경하는 일련의 과정입니다. 한순간 달라질 수 있는 것이 인생이기 때문에, 저는 아무리 멀리 떨어져 있어도 전화 한 통이면 다시 만날 수 있다는 말을 자주 하곤 합니다. 이렇게 생각하면 직원들과 함께 있는 시간도 감사하지만, 서로 헤어져도 각자의 등산을 이어가는 모습을 인정할 수 있습니다.

관점을 바꾸고 보니 직원이 한 사람 떠나도 예전보다는 걱정이 훨씬 덜해졌습니다(물론 아무렇지 않다는 말은 아닙니다). 레이니어 산에서 가이드가 말했듯이, 등반 중에는 꼭 어떤 일이든 생깁니다. 누군가 회사를 그만둘 때마다 저는 그 배경에 숨은 이유를 파악해서 교훈을 얻으려고 노력하고 있습니다. 회사 안에 고칠 점이 있어서 남아 있는 사람들에게 도움이 된다면 반드시 바꾸려고 하고, 어쩔 수 없는 일이라면 그대로 밀고 나갑니다. 새로 들어오는 직원이 자신만의 재능으로 조직에 공헌해줄 것을 알기 때문입니다. 우리 회사를 떠나서 각자 다른 봉우리를 오르는 사람을 보며 마음 아파하기보다는 이 산에 남아 함께 정상에 오르는 사람들에게 집중하는 편이 낫다고 생각하면 마음이 편해집니다.

저는 제 손으로 일군 조직을 지키겠다는 열망을 결코 포기한 적이 없습니다. 그 점에서는 그럭저럭 잘 해온 데 대해 다행으로 여기고 있습니다. 이렇게 생각한다고 해서 훌륭한 인재를 잃어도 좋다는 뜻은 아닙니다. 현실에서는 어떻게 해볼 도리가 없는 이런저런 이유로 인력 손실이 늘 발생하게 마련입니다. 그러나 리더는 그런 일로 중요한 목표를 놓쳐서는 안 됩니다. 등산을 함께하기 위해 남아 있는 사람들이 있는 한 최선을 다해 조직을 이끌어야 합니다. 또한 그들이 다른 여정을 택한 경우에도 그들에게 같은 이야기를 들려줄 수 있었던 그 시간은 여전히 소중히 여겨야 합니다.

다른 목표를 추구하며 떠나간 사람들이 우리 회사를 졸업한 동문이라고 생각해보는 것도 좋습니다. 그들에게 쏟은 노력이 헛수고라고 생각할 필요는 전혀 없습니다. 계속 연락하면서 인연의 끈을 놓지 않는 편이 좋습니다. 옛날 직원이 앞으로도 회사에 깜짝 놀랄 만한 일로 보탬이 될 가능성은 충분하기 때문입니다. 저 역시 이렇게 관대한 마음을 늘 완벽하게 실천하지 못하지만 함께 산에 올랐던 훌륭한 사람들에 대한 감사와 존중의 마음은 점점 더 커지고 있습니다. 그들로부터 들려오는 성공의 소식은 PG에 남아 함께 봉우리를 오르는 사람들의 성공 못지않게 인정받을 자격이 있기 때문입니다.

레이니어 산 정상에서 PG 깃발을 들고 찍은 사진은 제가 얻은 축복의 상징입니다. 저는 제가 통제할 수 있는 것이 무엇인지에 대한 깨달음과 떠난 사람들도 각자에게 주어진 등반을 완수할 것이라는 믿음 덕분에 퇴사자 문제를 받아들이는 법을 배웠습니다.

1. 직원이 떠나는 문제에 대해 어떤 관점을
   가지고 있는가?

2. 남아 있는 직원들과 더 잘 지내기 위해 이 교훈을
   어떻게 적용할 수 있을까?

3. 회사를 떠난 사람들을 어떻게 도울 수 있을까?

후일담

PG에서 6년간 근무했던 폴Paul이 회사를 떠나 다른 길을 모색하기로 한 적이 있습니다. 그렇다고 우리의 동행이 끝나는 것은 아니었기 때문에 그간 어떻게 지냈는지 근황을 들려달라고 요청했습니다.

"PG를 떠나겠다고 마음먹는 것은 참 힘든 결정이었습니다. PG에서 보낸 6년이라는 시간 동안, 저는 평생을 이어갈 친구들을 만났습니다. 그런 바탕이 있었기에 바비 사장님과 깊은 유대를 유지할 수 있었습니다. 저는 늘 훌륭한 팀에서 일하면서 승진 가도를 달려 조직에 중요한 공헌을 하는 제 모습을 꿈꿔왔습니다. 훌륭한 멘토 및 리더들과 함께 일하던 PG를 떠나, 제가 익숙했던 가치를 공유하지 않는 다른 조직과 함께 일한다는 것은 매우 힘든 경험이었습니다.

제 회사를 차리면 어떨까 하는 상상은 옛날부터 항상 해왔지만, 실제로 그렇게 될 수 있을 거라고는 한 번도 생각하지 못했습니다. 그런데 사장님이 아낌없이 조언해주신 덕분에 기업가의 길을 걷는 데 필요한 기술과 확신, 용기를 얻었습니다.

지난 3년간 제 사업을 해오면서도, 사장님은 멘토이자 코치, 친구로서 저를 많이 도와주셨습니다. 전에 모시던 사장님이 가장 든든한 지원군이라는 말을 다른 사람들에게 해도 잘 안 믿는 사람들이 많습니다. 30대 중반의 나이에 평생모은 돈을 창업 자금으로 쏟아붓는 것은 진짜 두려운 일입니다. 이럴 때 코치와 멘토가 주변에서 도와줘서 곳곳에 도사린 함정을 헤쳐 나갈 수 있다면 그보다 좋은 일은 없겠죠. 사장님이 오랫동안 보여주신 높은 수준의 책임감과 정직성, 투명함에 깊이 감사드립니다. 귀한 시간을 내어 가르쳐주신 내용을 최선을 다해 실천하는 것만이 제가 할 수 있는 감사의 표시라고 생각합니다."

12

장난감 무더기

몇 년 전의 일입니다. 어느 날 저녁 퇴근해서 집에 들어왔는데 아무도 보이지 않았습니다. 문 앞으로 앞다퉈 뛰어나오는 발걸음도, 반갑게 맞아주는 사람도 없었고, 제 이목을 놓칠세라 즐겁게 재잘대는 목소리도 들리지 않았습니다. 신발장 모퉁이로 고개를 내밀다 마침내 "안녕 아빠!"라고 외치는 아이들을 찾긴 했습니다. 하지만 그뿐, 아이들은 더 이상 아빠에게 주의를 돌리지 않았습니다.

아이들에게 무시당해 약간 실망한 저는 맥주를 한 캔집어 들었습니다. 그 순간 눈에 딸아이 소피아Sofia가 들어왔습니다. 그런데 이상하게도 하루 종일 아이들과 씨름한 아내의 일을 넘겨받는 기분이 들었습니다. 그 애는 거실 한가운데 장난감을 차곡차곡 쌓으며 거대한 무더기를 만드느라 열중해 있었습니다. 소피아는 전부터 장난감 쌓기 놀이를 좋아했습니다. 문제는 언제까지 다른 아이들의 방해를 받지 않고 혼자 놀 수 있을 것인가였습니다. 몇 분 후, 그 장난감 탑은 오빠 샌티노와 그리피스Griffith의 주목을 끌 정도로 커졌습니다. 그때까지 각자 다른 놀이를 하고 있던 오빠들은 하던 놀이를 제쳐두고 소피아에게 몰려왔습니다.

샌티노가 곧장 장난감 무더기로 돌진하더니 장난감 하나를 더 올려놓았습니다. 딸아이는 단호한 태도로 "안 돼!" 하며 맞섰습니다. 그리피스도 똑같이 따라 하려다 다시 한 번 소피아의 거절에 부딪혔습니다. 소피아는 오빠들의 위세에 전혀 눌리지 않을 기세였습니다. 두 녀석은 곧바로 더블 마킹 전략으로 나섰습니다. 마치 영화 <쥬라기 공

원>에 등장하는 벨로시렙터처럼 사방에서 장난감 탑을 둘러싸고 달려들었습니다. 그러나 딸아이도 분연히 맞선 채 좀처럼 굴하지 않았습니다. 장난감 무더기 앞에 두 팔을 벌리고 서서는 "안 돼! 이건 내 꺼야!"를 외쳐댔습니다.

오빠들도 결코 멈추지 않았습니다. 몇 번이나 접근에 실패한 샌티노는 다른 방법을 시도했습니다. 놀이방으로 달려가서 양 손에 장난감을 하나씩 들고 온 것입니다.

"소피아, 이것 봐. 네 장난감이야, 이거 어디 놓을까?"

그러자 딸아이의 태도가 금세 누그러졌습니다.

"좋아! 여기 놓으면 돼! 그리고 여기도!"

딸아이는 샌티노의 손에서 장난감 하나를 받아들고 꼭대기에 올려놓더니, 나머지 하나는 중간쯤에 놓으라고 오빠를 보면서 가리켰습니다. 그리피스도 놀이방에 장난감을 가지러 갔다 오더니, 역시 동생의 허락을 받을 수 있었습니다.

이제 새로운 놀이가 시작되었습니다. 아들들은 소피아

의 장난감을 앞다퉈 가져다 나르느라 정신이 없었습니다.

"이건 어디다 두면 돼?"

"여기!"

장난감 탑을 쌓는 행복한 건축가가 된 소피아는 신이 나서 오빠들의 우두머리 노릇을 했습니다.

사태가 희한하게 전개되는 데 약간 충격을 받았지만 그 순간 저는 정말 즐거웠습니다. 이 모든 과정을 지켜보면서 문득 이런 생각이 떠올랐습니다. 우리 모두 이렇게 행동할 수 있다면 얼마나 놀라운 일이 펼쳐질까?

협력하라

PG의 모든 직원이 한순간에 벼랑 끝으로 내몰렸습니다. 우리 최대 고객사 한 곳이 전략적 실수를 저지르는 바람에 침체 국면으로 치닫게 되었고, 그 여파가 고스란히 우리에게 미쳤던 것입니다. 그 영향을 면밀히 분석해보니 예상보다 상황이 더 나빠질 것이 금세 분명해졌습니다. 회의를 거듭하던 중에 조직 전체가 재작업으로 인한 중복 업무 때문에 말도 안 될 정도로 부담이 가중되고 있다는 사실을 알아차렸습니다. 간부들은 이 때문에 좌절에 빠져 어찌할 바를 모르고 있었습니다.

아무리 혁신과 성장을 위해서는 실수를 해도 괜찮다는 것이 회사의 철학이라지만, 현재 수준은 해도 너무한 것 아니냐는 데 모두의 의견이 일치했습니다. 아시다시피 같은 실수를 계속해서 되풀이하는 것은 그저 미친 짓에 불과합니다.

　곧바로 어디서부터 어긋났는지 파악하기 위해 머리를 싸맸습니다. 조직 내의 모든 리더들을 만나 이야기를 나누면서 한 가지 공통된 흐름을 발견했습니다. 우리의 가장 중요한 우선순위가 뭐라고 생각하느냐는 제 질문에 모두의 대답은 제각각이었습니다. 그동안 제가 최우선 목표를 모든 사람들에게 분명히 제시하지 못했다는 사실을 깨달았습니다. 그런 모호함이 조직 전반에 걸쳐 부서 간 장벽을 쌓고 있었던 것입니다. 사람들은 그 장벽을 만들기만 할 뿐 아니라 저마다 필사적으로 지키고 서 있었습니다.

　우리는 리더라면 누구나 자신의 조직에 우선순위를 수립해야 한다고 배웠습니다. 우리는 정확한 목표를 제시하고 우선순위를 전달하는 것만큼은 남보다 뛰어나다고 믿기를 원하고 있습니다. 그러나 전통적인 접근법을 사용하다 보면 이런 식이 되곤 했습니다. 즉 매년 세 가지 최우선 목표를 발표하고 그 하나하나에 각종 세부사항을 죽 열거하는 것이지요. 어떤 해에는 목표가 다섯 가지 정도가 될 때도 있지만, 그래도 여전히 전문가들이 제시한 매개변수의 한계를 벗어나지는 않습니다.

게다가 저는 간부들에게 각 지사나 부서별로 필요한 목표를 추가하라고 지시합니다. 그들은 각자 조직에서 똑같은 일을 반복하고 있었습니다. 그럼 이쯤에서 한번 생각해볼까요. 구성원 개개인은 얼마나 많은 우선순위에 따라 일을 수행해야 하는 걸까요? 리더의 자리에서 멀리 떨어진 사람일수록 세 가지 이상의 서로 다른 우선순위 중 가장 중요한 것이 무엇인지 판단해가며 일해야 했습니다. 이는 너무나 복잡한 일이었고, 이것이 바로 조직 내에 장벽이 등장하고 의사소통이 무너지는 이유입니다. 모든 수준에 걸쳐 좌절감과 방어적 태도가 판을 치게 일이 벌어지는 것이죠. 권한이 서로 충돌함에 따라 아무도 서로 협력하려 들지 않는 경우도 생깁니다. 이런 상황에서 사업에 차질이 빚어지거나 전면적인 위기가 닥친다면 과연 무슨 수를 쓸 수 있을까요?

리더는 의도치 않게 조장해온 조직 내의 고립 영역과 내분 구조를 타파하여 조직을 결집해야 합니다. 이런 상황에서 저는 오랫동안 스승으로 삼아온 패트릭 렌시오니의 책들 중 《사일로스 - 부서간 장벽을 없애라!Silos, Politics, and Turf Wars》를 추천하고 싶습니다. 부서 간 협력을 증진하고 모든 구성원들을 위해 더 나은 근무 환경을 조성해야겠다고 결심한 조직이라면 크게 도움이 될 수 있는 책입니다. 저는 그가 주장하는 주제별 목표 모델을 공부하면서 우리 조직이 지금까지 겪어온 역경을 이겨낼 수 있었고, 거기에 숨겨진 축복을 발견해낼 수 있다는 희망을 엿보았습니다.

저는 조직 전체에 주제별 목표 방법론을 전파했습니다. 이 방법론을 적용하여 특정 기간 동안 조직 전체가 한 가지 목표에 집중하도록 했습니다. 그리고 이를 더욱 효과적으로 적용할 수 있도록 조직 전체의 의견을 일치시키고 이 목표를 지지하도록 했습니다.

현재 상황을 솔직하게 진단하고 "지금 가장 중요한 것이 무엇인가?"라는 질문에 답하기 위해 시카고에서 회의를 열었습니다. 회의는 인정사정없었고, 저는 두려움마저 느꼈습니다. 그간 단단히 굳어온 장벽의 저항은 만만치 않았습니다. 저는 사람들이 함께 일하기 얼마나 싫어하는지, 부서 간에 서로 다른 우선순위가 만들어온 장벽이 그 협력 정신을 얼마만큼 훼방 놓고 있는지 두 눈으로 똑똑히 보았습니다. 이틀간 솔직하고 적나라한 토론을 벌인 끝에 우리는 조직의 최우선 목표에 대해 큰 틀을 잡았습니다. 향후 9개월간 가장 중요한 것이 무엇인지 확실히 공감하며 회의를 마쳤습니다. 그리고 회사로 돌아와 목표를 공유하고 전 직원이 여기에 맞추도록 조정을 유도했습니다. 저도 모르게 사람들이 장벽을 쌓았고 그 장벽이 온 사방에 퍼져나갈 수 있었던 것은 제 탓도 크다는 것을 알고 있습니다.

그 후 9개월 동안 우리는 모두 한 가지 목표를 향해 일했습니다. 조직이 변화를 체감하자 더 잘 협력할 수 있는 방법을 스스로 알아서 생각해내고 적용하기 시작했습니다. 전 부서는 가장 중요한 일이 무엇인지 알고나서부터 속박에서 벗어날 수 있었습니다. 리더로서 우선순위를 설정하고 뚜렷한 목표를 제시하면서 전 직원의 협력 환경을 조성하는 책임을 감당했습니다. 그러자 어떤 변화가 일어났는지 분명히 확인할 수 있었습니다.

우리 스스로의 실체를 깨닫고 상황을 통제할 수 없을 때도 있었지만, 어떤 경우든 거기에 대응하며 조직을 이끄는 방법과 어디에 시간과 정열을 바칠 것인지 선택할 수 있었습니다. 조직을 결속하는 것이 얼마나 어려운 일인지 잘 알고 있습니다. 우리는 섣불리 여러 개의 우선순위를 설정하곤 합니다. 그 모두가 긴급하고 중요한 사항이며, 동시에 추구할 수 있다고 믿고 있습니다. 하지만 잠시 숨을 고르고 단도직입적으로 '가장 중요한 우선순위를 한 가지만 꼽으라면 그것은 무엇인가?' 질문해보는 편이 훨씬 더 효과적이라고 생각합니다.

직원들에게 일을 더 많이 하라고 요구하는 것은 해답이 될 수 없음에도 그렇게 일해줄 거라 기대한다면, 모든 사람들은 짜증을 내며 서로에게 떠넘기게 될 뿐입니다. 뭔가 가치 있는 일을 이루고 싶다면 서로 협력해야 합니다. 이는 단지 얼마나 더 많은 것을 이뤄냈느냐의 문제가 아닙니다. 장벽을 허물고 일치단결된 조직을 만들어가는 일이 얼마나 짜릿한 경험인지 안다면 이 일은 우리에게 축복이 될 수 있습니다.

1.　우리 회사는 함께 해결해야 할 단 하나의 가장 큰 문제가 무엇인지 알고 있는가?

2.　간부들의 협력을 이끌어내기 위해 어떤 리더십을 발휘하고 있는가?

3.　간부들은 각 부서 직원들이 더 잘 협력할 수 있도록 어떻게 리더십을 발휘하는가?

후일담

아침에 컴퓨터를 켜면 제가 세상에서 제일 좋아하는 사진이 배경화면에 나타납니다. 세 아이가 모래 상자 안에서 노는 사진입니다. 장난감 무더기 사건이 있은 지 일 년쯤 후에 찍은 것입니다.

딸아이는 모래 상자 한가운데 서서 맨발을 내려다보고 있고, 오빠들은 양쪽에 무릎을 꿇고 앉아서 여동생의 발을 하나씩 모래에 파묻고 있는 장면입니다. 딸아이가 입고 있는 보라색 티셔츠에는 이런 문구가 씌어 있습니다.

"함께하는 삶이 더 좋아요."

에필로그

역경을 스승으로 삼아라

열여덟 번째 생일을 맞이한 다음 날 아침, 저는 학교 체육관 밖에서 모병관을 기다리고 있었습니다. 입대 신청을 한 사실을 부모님께 말씀드리지 않았고, 대신 다른 몇 사람에게만 알려둔 터였습니다. 그들은 모두 비밀을 지키겠다고 약속했습니다. 우리는 70킬로미터를 달려 뉴멕시코 주 홉스Hobbs로 갔고, 거기서 다시 버스로 갈아타고 텍사스 주 에머릴로Amarillo에 위치한 군입대 처리소MEPS, Military Entrance Processing Station로 향했습니다.

저는 그곳에서 입대 선서를 했고, 모병관은 다음 날 오후 늦게 저를 집까지 데려다주었습니다. 전날 밤에 친구 집에서 묵지 않았다는 사실을 부모님이 알고 계실까 봐 겁이 났습니다. 그러면 아버지께서 역정을 내실 게 틀림없었습니다. 12명의 형제자매 중 거의 막내인 제가 처음으로 군에 입대하는 셈이었습니다. 아버지의 권위에 감히 도전하는 것은 있을 수 없는 일이라는 것도 우리 모두 알고 있었습니다. 현관문을 열고 집에 들어서니 아버지가 탁자 맨 상석에 앉아 계셨습니다. 제가 들어오는 것을 보시더니 바로 자리에서 일어서셨습니다. 몸짓만 봐도 기분이 안 좋으시다는 걸 알 수 있었습니다. 서둘러야 했습니다. 아버지가 제 쪽으로 걸어오시더니 어젯밤에 어디서 뭐했느냐고 다그치기 시작하셨습니다. 저는 아무 말도 하지 못한 채 입대 서류가 들어 있는 서류철을 테이블 위에 올려놓았습니다.

아버지께 스페인어로 말씀드렸습니다.

"아버지, 저 군에 입대하기로 했어요."

아버지는 금세 누그러진 태도로 조용히 저를 바라보시

며 말씀하셨습니다.

"너, 지금 네가 뭘 하는 건지 알고 있니?"

저는 곧바로 대답했습니다.

"예, 아버지의 꿈을 제가 대신 이뤄드리려는 거예요."

아버지는 이윽고 눈물을 글썽이며 뒤돌아서시더니 부엌 창가로 걸어가셨습니다. 창밖을 내다보는 아버지의 어깨가 살짝 떨리고 있었습니다. 아버지는 곧 손을 올리시더니 눈물을 훔치셨습니다. 아버지가 뒷문으로 나가신 뒤에 밖을 내다보니 어머니도 눈물을 흘리고 계셨습니다. 제 평생 아버지가 우는 모습을 본 건 그때가 두 번째였습니다.

제가 어렸을 적에 아버지는 멕시코 군대에 입대하는 게 10대 시절의 꿈이었다는 이야기를 해주신 적이 있습니다. 당시 아버지는 군에 입대하는 것만이 대대로 이어 온 가난의 사슬을 끊어내는 유일한 길이라고 생각하셨습니다. 그러나 막상 성년이 되어서도 집안 형편이 어려워 입대의 꿈은 좌절되고 말았습니다. 다른 길을 찾으셔야만 했고, 이후 오랫동안 아버지의 인생에는 역경이 거듭되었습니다.

아버지의 이런 이야기를 들을 때마다 늘 마음이 아팠습니다. 제가 아버지였더라도 그 상처를 도저히 잊지 못했을 거라고 생각했던 기억이 지금도 또렷합니다. 버스 사건이 있던 다음 해에, 어쩌면 제가 아버지께 도움이 될 일을 할 수도 있겠다고 생각했던 것도 또렷이 기억납니다. 이후 모병관이 자주 찾아오기 시작했고 그들과의 만남이 잦아질수록 입대에 대한 열망은 커져만 갔습니다.

아버지의 임종을 앞두고 머리맡을 지켰던 바로 지난주에 아버지께서는 당시 제가 내린 결정이 당신에게 얼마나 큰 의미였는지 말씀해주셨습니다. 제가 입대한다고 말씀드렸던 그날 저녁에는 부자 사이에 전혀 이런 이야기가 오고가지 않았습니다. 그런데 이번에 아버지 말씀을 들으면서 우리 둘 다 펑펑 울고 말았습니다. 아버지께서 말씀하시는 음성부터 달랐습니다. 아버지는 제가 자랑스럽다고, 당신의 뚫린 가슴 한구석을 메워주었다고 말씀하셨습니다.

오늘날 우리가 더 나은 선택의 기회를 얻게 된 것은 반드시 누군가 힘든 선택을 하고 고생해준 덕분이라고 생각합니다. 제 아버지는 어린 시절부터 평생토록 수많은 역경을 치러 오신 분입니다. 아버지는 그 숱한 역경 속에 오히려 선물이 숨어 있다는 얘기를 끊임없이 해주셨습니다. 자식들이 뭔가 어려운 일을 겪을 때마다 아버지는 빙긋이 웃으시며 "그러면서 배워가는 거야"라고 말씀하셨습니다. 그분들이 겪은 역경을 스승으로 삼을 수 있었던 것이 얼마나 감사한 일인지 부모님께 다 설명드릴 수 없다고 늘 생각하고 있습니다. 입대는 아버지께 드리는 저의 선물이었습니다. 제가 아버지의 꿈을 이뤄드린 것입니다.

매일 사무실에 들어설 때마다 제 눈에 가장 먼저 들어오는 것은 전등 스위치 위에 걸린 아버지의 브라세로 신분증 사진입니다. 앞서 했던 아버지의 브라세로 이야기를 떠올리시기 바랍니다. 그 사진을 볼 때마다 저는 늘 학생이라는 사실을 확인하고 새롭게 다짐합니다. 그 신분증은 역경이야말로 제 인생의 진정한 스승임을 알려주는 가장 자랑스러운 상징이 되었습니다.

이제 당신 차례입니다

역경을 스승으로 삼는 인생길은 어떻게 걸어가야 할까요?

먼저 두 팔을 활짝 펴고 인생에서 마주치는 역경을 받아들여야 합니다. 역경이 찾아오더라도 침묵과 무시로 일관하는 사람들이 너무나 많습니다. 역경은 누구에게나 찾아오는 것이기에 살아 있는 한 우리는 그것과 동행할 수밖에 없습니다. 따라서 역경은 좋은 기회이며, 일종의 선물 같은 것이라고 마음을 고쳐먹어야 합니다.

일단 마음가짐을 바꾼 후에 그동안 자신이 어떤 역경을 거쳐 왔는지 파악하고, 그 과정을 자세히 되돌아보시기 바랍니다. 그러면서 그 역경이 오늘날 자신이 이만큼이라도 성숙하게 된 데 어떤 도움이 되었는지를 생각해보십시오. 역경이 어떻게 자신을 더 강하게 해주었을까요? 더 끈기 있는 사람으로 만들었을까요? 공감 능력을 키워주었을까요? 이런 질문에 답하다 보면 인생을 형성해온 강력한 교훈이 무엇이었는지 금방 깨닫게 될 것입니다. 그것이 바로 선물이요, 축복입니다. 이 질문은 리더십에 관한 자신의 잠재력이 무엇인지, 그리고 어떤 사람이 되어가고 있는지 알게 해줄 것입니다.

그 순간, 자신이 꿈꾸던 리더를 향해 걸어가겠다는 결심이 뚜렷해질 것입니다. 개선과 발전을 향한 열망이 그저 편안히 안주하려는 욕망을 뒤덮을 수 있어야 합니다. 역경이 불러오는 감정들을 직시하게 될 것이고, 자신의 이야기와 거기에서 얻은 교훈을 남들에게 들려줄 용기가 생길 것입니다. 우리가 서로 배우고 도와주며, 공감과 친절을 베푸는 것은 세상을 살아가면서 가장 필요한 일입니다. 우리는 역경에서 얻은 축복을 나눔으로써 우리 모두가 더 나은 사람이 될 수 있도록 노력해야 합니다.

야망에 찬 리더나 이제 막 리더의 길을 나선 사람들이라면, 이런 교훈들이 시간순으로 배워야 하는 체크리스트가 아니라는 점을 머지않아 깨닫게 될 것입니다. 리더십에는 모호한 구석이 많습니다. 구체적인 '방법론'을 알고 싶은 사람도 많을 것입니다. 그 시험에 합격하는 해답이 필요할 수도 있습니다. 제가 거기에 답해 드리겠습니다.

이 책에서 제가 정리한 교훈 사이에는 언뜻 모순된 것으로 보이는 내용들이 있습니다. 9장에서 저는 익숙한 길, 정해진 답을 벗어나라고 했습니다. 그렇게 말해 놓고 11장에서는 프로세스에 따르라고 말했습니다. 많은 것이 다 좋은 것은 아니라면서 말이지요. 리더십 경험이 일천한 사람이라면 이 두 가지가 서로 모순된 내용이라고 여길 수 있습니다. 혼동될 수 있다는 점을 충분히 이해합니다. 게다가 이 문제를 해결할 뾰족한 방법이 없는 것도 사실입니다. 리더십은 결코 간단하지 않습니다. 복잡하고 어렵고 쉽게 지칠 수 있습니다. 이런 골치 아픈 일을 처리하는 것이 바로 리더가 하는 일입니다. 그럼에도 각자 저마다 주어진 상황에 맞서 싸울 수밖에 없습니다. 제가 그랬듯이 말이지요.

그러나 제가 해줄 수 있는 조언이 한 가지 있습니다. 이 책이 제시하는 교훈을 취사선택하려 하지 말고 모두 받아들이라는 것입니다. 당신에게 찾아오는 역경은 상황마다 다르고, 당신만 겪는 유일한 일일지도 모릅니다. 우선 그것의 정체를 밝히고 공부한 다음에 이 책의 어떤 교훈을 지침으로 삼을 것인지 결정해야 합니다. 때로는 몇 가지가 섞일 수도 있고, 나머지는 적용되지 않을 수도 있습니다. 어떤 종류의 역경이냐에 따라 결정해야 할 문제입니다. 이를 계속 실천하려 애쓰다 보면 리더십의 모호한 측면에 대한 이해와 대처 능력을 키워갈 수 있을 것입니다.

　마지막으로 여러분께 꼭 이 말을 해주고 싶습니다.

　당신은 할 수 있습니다.

　당신에게는 당신도 모르는 잠재력이 있습니다.

　언더독들이여, 화이팅!

나눔의 글

이 책을 사용하는 방법

제 경험에 비춰보면 '리더'라는 단어는 조만간 큰 이슈로 부상할 것 같습니다. 이 말이 무엇을 의미하는지, 그리고 훌륭한 리더가 되려면 어떻게 해야 하는지에 대해 너무나 큰 혼란을 느끼는 사람들이 많기 때문입니다. 저는 리더십이 가슴에서 일어나는 일이라고 믿고 있습니다. 그것은 제 자신이 누구인지, 남을 어떻게 이끌어야 할 것인지에 관한 내용을 담고 있습니다. 저는 사람들의 삶 속에 진정한 변화를 만들어내고자 하는 리더들을 돕기 위해 이 책을 썼습니다.

제 조카 루크Luke는 일찌감치 리더십의 본질을 꿰뚫어 보았습니다. 그 애는 자기 학교에서 학생위원회의 어떤 직책에 출마했습니다. 출마 신청서에 나온 맨 첫 질문은 이런 것이었다고 합니다.

"훌륭한 리더란 어떤 사람이라고 생각하시나요?"

조카는 답변란에 이렇게 썼습니다.

"리더란 다른 사람을 기꺼이 돕는 사람입니다."

눈 밝은 독자라면 이 책이 제시하는 교훈마다 계속해서 '야망에 찬 리더'라는 표현이 등장한다는 사실을 눈치챘을 것입니다. 거기에는 리더십이 끝없는 여정이라는 점을 강조하는 의미가 담겨 있습니다. 리더십에는 결코 결승선이 없습니다. 우리는 항상 다른 사람들을 어떻게 돕고 있는지 스스로를 평가해야 합니다. 아울러 언제든 빠르게 변화하는 시간의 흐름에 따라 새롭게 발전해야 합니다.

책을 마무리하면서, 저는 중요한 질문을 놓고 고민하는 기회를 만들어보고자 합니다.

어떻게 하면 다른 리더들을 더 잘 이끌 수 있을까?

　　이 책이 탄생하는 데 뼈대가 된 구성 원리를 다음에 밝혀놓았습니다. 여러분은 이 원리에 따라 이 책에 실린 교훈을 다른 리더들에게 적용할 수 있을 것입니다.

Part I

나는 누구인가?

Part I의 제목은 '나는 누구인가'입니다. 훌륭한 이야기들이 으레 그렇듯이, 시작이 전체 분위기를 결정합니다. 내가 누구이며 어떤 신념을 가지고 있느냐를 파악하는 것은 시작이자 끝이라고 할 수 있습니다. 먼저 내면을 성찰하고 자신을 다스릴 줄 알아야 다른 사람을 이끄는 일도 잘할 수 있기 때문입니다. 이는 그 어떤 리더십의 여정에도 적용되는 기초적인 사실이고, 이 기초가 부실하면 충실한 삶을 살아가는 데 어려움을 겪을 것입니다. 대다수의 리더들이 자신의 이야기 중 이 부분에 충분히 공을 들이지 못합니다. 그러려면 어느 정도 자신의 취약성을 드러내야 하고, 두려움에 맞설 용기도 필요하기 때문이죠. 충분히 이해합니다. 그 또한 불행한 일이긴 하지만요.

자신의 이야기를 기꺼이 나누려는 의지야말로 얼마나 다른 사람들과 신뢰를 쌓을 수 있느냐를 좌우합니다. Part Ⅰ의 교훈은 남들에게 자신의 이야기를 들려주고 자신이 이끄는 조직에서도 똑같이 실천하도록 이끌라는 것입니다.

Part Ⅱ.
받는 것보다 더 많이 주어라

여정의 중간부에 이르러 리더십을 통해 도달해야 할 목적지를 파악할 때쯤이면 상황이 더욱 엉망이 되어 있음을 깨닫게 될 겁니다. 여기까지 오는 동안 저지른 온갖 실수 때문에 마음이 불편하고 스스로 의심이 드는 것이 많은 리더들에게 찾아오는 시련입니다. 그럴 때일수록 가장 먼저 그 원인을 직시하고 자신의 역할을 확고히 밝히며 해결의 실마리를 찾아야 합니다. 리더는 그들이 이끄는 사람들과 더욱더 협력해야 하고 더 나아져야 합니다. 질문의 수준을 높여야 더 좋은 대답과 더 많은 진실이 드러나는 법입니다. Part Ⅱ는 기초를 더욱 확고하게 다지는 여정의 단계입니다. 어떤 리더십을 발휘할지 파악한다면 점점 공감과 관용의 위력에 눈뜨기 시작할 것입니다. 결국 멀리 돌아가는 길이 지름길이라는 교훈을 배우게 될 것입니다.

Part Ⅲ.
당신이 발휘할 영향력을 선택하라

이 단계에서 가장 중요한 것은 선택입니다. 훌륭한 이야기의 최종 단계는 모든 일이 어디서 합쳐지는가에 달려 있습니다. 당신이 발휘할 리더십의 동기와 방식을 모든 사람들에게 알리고, 그 다음 당신이 힘들여 얻은 교훈 덕분에 그들이 혜택을 입었다면 그 방식대로 꾸준히 리더십을 발휘해야 합니다. 모든 사람이 여정의 마지막까지 함께 가지는 못합니다. 따라서 리더는 특히 직원들의 잠재력을 극대화할 수 있도록 리더십을 발휘하여 협력에 힘써야 합니다. 리더는 직원들과 협력함에 있어, 우선순위와 자원의 균형을 유지하여 직원들과 조직 전체가 성과를 낼 수 있도록 노력해야 합니다.

바이블의 서가 목록

6장에서 최고의 리더는 언제나 학생의 자세를 잊지 않는다고 이야기했었죠. 제 이야기를 통해 여러분이 겪는 모든 역경에서 도움을 얻을 수 있다는 사실을 깨달았으면 합니다. 하지만 막상 역경이 닥쳐왔을 때 축복을 발견하기 위해서는 소망이나 의지 이상의 그 무엇이 필요하다는 것을 느꼈습니다. 이런 측면에서 책이야말로 무한한 지혜의 보고寶庫라는 점을 말씀드리고 싶습니다. 리더십에 관한 한 거의 바이블의 반열에 오를 수 있다고 제가 생각하는 추천 도서를 다음에 소개하겠습니다.

《어드밴티지, 사업에서 조직의 건강이 다른 무엇보다 중요한 이유The Advantage: Why Organizational Health Trumps Everything Else in Business》, 패트릭 렌시오니Patrick Lencioni

《신뢰의 속도The Speed of Trust: The One Thing that Changes Everything》, 스티븐 코비Stephen M. R. Covey

《나는 왜 이 일을 하는가?Start with Why: How Great Leaders Inspire Everyone to take Acton》, 사이먼 사이넥Simon Sinek

《위대한 기업의 선택Great by Choice: Uncertainty, Chaos, and Luck - Why Some Thrives Despite Them All》, 짐 콜린스Jim Collins

《인생의 중요한 순간에 다시 물어야 할 것들Great Leaders Ask Great Questions: Your Foundation for Successful Leadership》, 존 맥스웰John C. Maxwell

제 바이블의 서가 목록에 포함된 다른 책들이 궁금하다면 bobby-herrera.com 사이트를 참조하시기 바랍니다.

감사의 글

이 책에 나오는 모든 교훈은 저희 부모님께 힘입어 깨달은 내용입니다. 그분들께서 치른 희생을 저는 결코 잊을 수 없습니다. 당신들께서 역경을 겪으신 덕분에 얻을 수 있었던 그 모든 축복에 대해 저는 늘 겸손과 감사, 자부심을 느낄 것입니다.

저의 가장 소중한 팀인 가족이 너무나 자랑스럽습니다. 저의 아내 로슬린은 언제나 무조건적인 지지를 보내주었습니다. 아내가 오랜 세월에 걸쳐 보내준 사랑과 조언이 이 책에 고스란히 녹아 있습니다. 아내 덕분에 얼마나 행복한지, 고맙다는 말로는 이루 표현할 수 없습니다. 야자수 열매처럼 소중한 아이들인 샌티노, 그리피스, 소피아. 무엇보다 아이들에게 최고의 아빠가 되는 것이 저의 희망입니다. 아이들 모두를 온 마음을 다해 사랑합니다.

사랑하는 동생이자 최고의 친구인 에드와 그 버스에 있던 다른 아이들에게도 감사합니다. 우린 모두 형제야!

'서클The Circle'에 속한 사람들이 보여준 용감한 성품에서 저는 늘 커다란 영감을 얻었습니다. 그분들의 도움 덕택에 저는 많은 사람들에게 특별한 의미가 있는 일을 이룰 수 있었습니다. 그분들의 이야기에 제가 속하고 그 유산을 이어받을 수 있었던 것은 너무나 감사한 일이었습니다.

새 어머니이신 로치 여사님Mrs. Roach께 사랑의 마음을 전합니다. 그분은 친절한 태도가 무엇인지 저에게 가르쳐주셨습니다.

세상에서 두 번째로 소중한 나의 팀, 지난 16년간 제가 걸어온 길을 지지해온 PG의 동반자들, 당신들의 열정 덕분에 오늘날의 PG가 존재할 수 있었습니다. 우리가 걸어온 최고의 이야기를 이 책에 담아냈습니다.

닥터 조… 정복자 중에도 지존이신 분! 잔을 높이 들어 그분께 경의를 표합니다. 박사님, 사랑합니다. 짐Jim은 제

삶을 바꾼 분이십니다. 그분이 베푼 은혜를 꼭 남들에게 전해줄 것입니다.

펫Pat이 들려준 이야기는 저로 하여금 무한한 잠재력을 이끌어낼 수 있게 해주었습니다. 그분의 작품은 모든 리더들이 꼭 읽어야만 합니다.

이 책의 초판을 읽고 처음부터 끝까지 나를 응원해준 에이미Amy에게 감사드립니다.

늘 나에게 직언을 아끼지 않았던 빌Bill도 절대 빼놓을 수 없는 분입니다. 감사드립니다.

저의 든든한 멘토 군단이 전해준 조언과, 무엇보다 그 소중한 시간을 할애해 주신 데 대해 말로 표현할 수 없는 감사를 드립니다. 그분들이 보내주신 저를 향한 신뢰 덕분에 저는 언제나 항상 희망을 잃지 않았습니다.

다비아Davia, 당신은 최고입니다! 저는 스토리텔링 분야의 그녀의 재능에 깊은 감명을 받았습니다. 이 책을 쓰는 동안 토드Todd가 이 책에 흥분하면 할수록, 제가 더 긴장했던 것이 사실입니다. 지금부터 우리가 나눌 우정을 생각하면 이 책이 나온 것만큼이나 흥분됩니다. 레이Ray, 우리 일에 합류해준 것에 감사드립니다. 저도 곧 그분이 하는 일에 동참하고 싶어질 것 같습니다. 감사합니다!

내 인생을 바꾼 12가지 역경
리더는 멈추지 않는다

1판 1쇄 발행 2020년 5월 27일

지은이 바비 에레라
옮긴이 김동규

발행인 추기숙
기획실 최진 | **경영총괄** 박현철 | **편집장** 장기영 | **디자인** 남용모, 정영진
교정교열 박미경 | **디자인실** 이동훈 | **경영지원** 김정매 | **제작** 사재웅

발행처 (주)다니기획 | 다니비앤비(DANI B&B)
출판신고등록 2000년 5월 4일 제2000-000105호
주소 (06115) 서울시 강남구 학동로26길 78
전화번호 02-545-0623 | **팩스** 02-545-0604
홈페이지 www.dani.co.kr | **이메일** dani1993@naver.com

ISBN 979-11-6212-064-4 03320

다니비앤비(DANI B&B)는 (주)다니기획의 경제경영 단행본 임프린트입니다.
블로그 blog.naver.com/daniversary 포스트 post.naver.com/daniversary
트위터 @daniversary 인스타그램 @daniversary

이 도서의 국립중앙도서관 출판예정도서목록(CIP)은 서지정보유통지원시스템 홈페이지(http://seoji.
nl.go.kr)와 국가자료종합목록 구축시스템(http://kolis-net.nl.go.kr)에서 이용하실 수 있습니다. (CIP제어
번호 : CIP2020011699)

독자 여러분의 책에 관한 아이디어와 원고 투고를 기다리고 있습니다. 책 출간을 원하는 아이디어가
있으신 분은 이메일(dani1993@naver.com)로 간단한 개요와 취지, 연락처 등을 보내주시기 바랍
니다. 기쁜 마음으로 여러분의 의견을 소중히 받아들이겠습니다.